Inhaltsverzeichnis.

Seite

1. Gesetz über die Besteuerung des Personen- und Güterverkehrs 7
2. Kohlensteuergesetz 57
3. Gesetz über die Erhebung eines Zuschlags zur Kriegssteuer 85
4. Gesetz über Sicherung der Kriegssteuer 90
5. Gesetz über eine weitere Kriegsabgabe der Reichsbank für 1916 95

Sachregister 96

Gesetz über die Besteuerung des Personen- und Güterverkehrs.

Vom 8. April 1917.

(RGBl. S. 329.)

Amtliche Begründung.

Die amtliche Begründung führt über das Gesetz im allgemeinen folgendes aus:

Das Gebiet des Güterverkehrs ist zuerst durch das Reichsstempelgesetz vom 14. Juni 1900 (Reichs-Gesetzbl. S. 275), das einen Schiffsfrachturkundenstempel im Seeverkehre brachte, zur Deckung der finanziellen Lasten des Reichs herangezogen worden. Dieser Stempel ist im Jahre 1906 auf die Frachturkunden im Binnenschiffsverkehr und im Eisenbahnverkehr ausgedehnt worden, allerdings unter Beschränkung auf ganze Schiffsladungen und Eisenbahnwagenladungen. Gleichzeitig damit wurde die Besteuerung auf den Personenverkehr durch Einführung einer Stempelabgabe auf Personenfahrkarten im Eisenbahn- und Dampfschiffsverkehr erstreckt (Gesetz vom 3. Juni 1906, Reichs-Gesetzbl. S. 695). Einen wesentlichen weiteren Schritt hat das Frachturkundenstempelgesetz vom 17. Juni 1916 (Reichs-Gesetzbl. S. 555) getan, indem es unter Erhöhung der Steuersätze für Wagenladungen den Eisenbahnfrachturkundenstempel auch auf den Stückgutverkehr ausdehnte. Im unmittelbaren Zusammenhange hiermit steht die steuerliche Belastung des Postpaketverkehrs durch das Gesetz, betreffend eine mit den Post- und Telegraphengebühren zu erhebende außerordentliche Abgabe vom 21. Juni 1916 (Reichs-Gesetzbl. S. 577).

Wenn jetzt der Zwang des Krieges dazu nötigt, zur Deckung des Reichsbedarfs u. a. auch auf die Besteuerung des Verkehrs zurückzugreifen und hieraus eine Einnahme von mehreren hundert Millionen Mark zu ziehen, so kann dies, ohne einzelne Verkehrsarten übermäßig zu belasten und ohne unerwünschte Verkehrsverschiebungen herbeizuführen, nur durch eine Besteuerung geschehen, die möglichst den gesamten Verkehr umschließt. Der Entwurf faßt daher sowohl eine Besteuerung des Personen- wie des Güterverkehrs ins Auge und bezieht nicht nur den Eisenbahnverkehr einschließlich des Kleinbahnverkehrs, sondern auch den Verkehr auf Binnenwasserstraßen und im Küstenverkehr im weiteren Sinne ein, außerdem die Beförderung auf Landstraßen wenigstens insoweit, als es sich um einen fahrplanmäßigen Verkehr auf bestimmten Linien, also um Betriebe handelt, die, abgesehen von der Art der Fortbewegung der Transportmittel, eisenbahnähnlich eingerichtet sind. Dagegen wird von einer Besteuerung des überseeischen Verkehrs Abstand genommen werden müssen, da sich hier die Gestaltung der Verhältnisse für die Zeit nach dem Kriege in keiner Weise übersehen läßt. Auch ist davon abgesehen worden, unter die Behandlung durch dieses Gesetz die Güterbeförderung mit den Posten zu stellen, nachdem dieser Verkehr durch das erwähnte Gesetz vom 21. Juni 1916 eine abgesonderte Regelung erfahren hat und im Rahmen dieses Gesetzes erforderlichenfalls auch weiterhin wird finden müssen.

Die Änderungsbedürftigkeit der die Besteuerung des Personenverkehrs betreffenden gesetzlichen Vorschriften, die jetzt im VI. Abschnitt des Reichsstempelgesetzes und in Tarifnummer 7 des zugehörigen Tarifs enthalten sind, ist von der Steuerkommission des Reichstags schon im Jahre 1908/09 gelegentlich der Beratung des § 4 des Entwurfs eines Gesetzes, betreffend Änderungen im Finanzwesen, anerkannt worden (zu vergleichen Kommissionsbericht Nr. 1436 der Drucksache des Reichstags von 1907/09 S. 27 ff.). Die wesentlichsten Mängel des jetzigen Stempels liegen, abgesehen von hier nicht näher zu wiederholenden verkehrstechnischen Schwierigkeiten, darin, daß die Staffelung der Abgabe, die im Gesetze nicht nur nach der Höhe des Fahrpreises, sondern gleichzeitig auch nach den Wagenklassen durchgeführt ist, eine übermäßige Spannung und Ungleichmäßigkeiten aufweist, die den Verkehr in die unteren Wagenklassen drängen mußte. Die jetzige Staffelung hat zur Folge, daß z. B. bei einer Reiselänge von 800 km die Steuer für eine Fahrkarte 1. Klasse (8 ℳ) das mehr als 13 fache der Steuer für eine Fahrkarte 3. Klasse (60 Pf.) beträgt, während sich die Spannung der Einheitssätze nach den Personengeldtarifen nur wie 1: $2^1/_3$ verhält. Auch führt sie dazu, daß innerhalb derselben Klasse ein nur um wenige Pfennige höherer Fahrpreis dadurch, daß er unter eine höhere Steuerstaffel fällt, einen unter Umständen um mehrere Mark höheren Stempel zur Folge hat. Es kann sich möglicherweise sogar für dieselbe Strecke, wenn an Stelle einer direkten Fahrkarte mehrere über Teilstrecken lautende Karten ausgegeben oder gelöst werden, ein höherer Stempel ergeben, als er zu der direkten Fahrkarte geschuldet ist. Diese Mängel müßten sich bei einer Erhöhung der Abgabe unter Beibehaltung des bisherigen Systems notwendig ins Unerträgliche steigern.

Es ist daher schon bei den früheren Verhandlungen, insbesondere in der der Kommission seinerzeit vorgelegten Denkschrift (Anlage 4 der angeführten Drucksache Nr. 1436 S. 118) dargelegt worden, daß eine sachgemäße Gestaltung der Besteuerung der Personenbeförderungen nur auf dem Wege einer prozentualen Abgabe gefunden werden kann, wie solche auch in allen denjenigen Staaten besteht, die eine derartige Abgabe besitzen. Eine Erhebung nach Hundertteilen des Fahrpreises läßt die Tarifgestaltung der Verkehrsverwaltungen unberührt und läßt alle tarifarischen Vergünstigungen und sonstigen Maßnahmen, die aus sozialen oder wirtschaftlichen Rücksichten bei Festsetzung der Fahrpreise von der Verwaltung getroffen werden, automatisch auch in der Höhe der Steuerbeträge mit zum Ausdruck kommen. Sie unterscheidet sich in dieser Beziehung insbesondere auch von dem kilometrischen Stempel, der außerdem da versagt, wo die Fahrpreise, wie im Vorort-, Straßenbahn- und Schiffsverkehre, nicht kilometrisch gebildet zu werden pflegen. Sie empfiehlt sich endlich steuer- und verkehrstechnisch, weil sie von der mannigfaltigen Gestaltung der Fahrausweise nicht berührt wird.

Allerdings liegt es im Prinzip der prozentualen Abgabe, daß sie alle Wagenklassen trifft. Wollte man hiervon eine Ausnahme zugunsten der Freiheit der 4. Wagenklasse machen, so würde dies bei den erhöhten Steuersätzen, die jetzt in Aussicht genommen werden müssen, eine weitgehende Abwanderung in diese Klasse mit Notwendigkeit zur Folge haben. Eine Besteuerung der 4. Wagenklasse wird aber in der jetzigen Zeit jedenfalls dann nicht als unbillig empfunden werden können, wenn, wie der Entwurf dies tut, die zu ermäßigten Preisen ausgegebenen Arbeiter-, Schüler- und Militärfahrkarten freigelassen werden und damit insbesondere dem Arbeiter die Aufsuchung seiner Arbeitsstätte nicht mit Abgaben beschwert wird.

Die einfachste und technisch erwünschteste Lösung für die Besteuerung würde eine für alle Klassen gleichmäßige prozentuale Abgabe sein, wie sie in der Denkschrift von 1908/1909 vorgeschlagen war. Sie würde auch den sozialen Rücksichten insofern Rechnung tragen, als sich die Benutzung der höheren Wagenklassen bereits in der Höhe des für sie zu zahlenden Fahrpreises ausdrückt und mit diesem auch die Abgabe entsprechend steigt. Indessen würde ein solcher einheitlicher Prozentstempel unvermeidlich zu der Folge führen, daß im Vergleiche zu dem bisherigen Tarife zum Teil eine Entlastung der höheren Wagenklassen zuungunsten der niederen Klassen eintreten würde. Der Entwurf bemißt daher den Satz der prozentualen Abgabe für die einzelnen Klassen verschieden hoch, indem er für die erste Klasse einen Satz von 16. v. H., für die zweite Klasse einen solchen von 14. v. H., für die dritte Klasse von 12 v. H. und für die vierte Klasse von 10 v. H. des Beförderungspreises einsetzt. Bei einer stärkeren Differenzierung müßte durch die Verbreiterung der Spannung zwischen dem Aufwand an Fahrgeld mit Steuer in den einzelnen Klassen die Gefahr einer Abwanderung sich steigern.

Unter dem Gesichtspunkt der Allgemeinheit der Besteuerung hat der Entwurf auch davon abgesehen, für Personenfahrten unter einem bestimmten Fahrpreis eine Freigrenze zu setzen, wie eine solche bei dem bisherigen Fahrkartenstempel für Fahrkarten im Preise unter 60 Pf. besteht. Da insbesondere im Eisenbahnverkehre, nach dem Fahrpreisaufkommen gerechnet, etwa ein Sechstel aller Fahrten unter die Freigrenze fällt, müßte mit einem Ausfall in den Steuereinnahmen gerechnet werden, der nach Lage der gegenwärtigen finanziellen Verhältnisse nicht in Kauf genommen werden kann.

Damit rückt auch der Nahverkehr und der Straßenbahnverkehr insbesondere in den Kreis der Besteuerung. In diesem Verkehre waren bisher von der Fahrkartensteuer nur die in ihm ausgegebenen Dauerkarten getroffen. Seine steuerliche Erfassung stößt deshalb auf besondere Schwierigkeiten, weil sich bei den geringfügigen Fahrpreissätzen von meist 10 oder 15 Pf., seltener 20, 25 usw. Pf. ein in einzelnen Pfennigen und Pfennigbruchteilen sich ausdrückender Steuerbetrag ergibt, der bei der Aufrundung auf einzelne Pfennige zu Beträgen führt, mit denen der tägliche Verkehr, zumal in Norddeutschland, nicht zu rechnen gewöhnt ist, und die ein zeitraubendes, mit der im Straßenbahnverkehre notwendigen schnellen Abfertigung nicht vereinbares, umfangreiches Geldwechseln zur Folge haben müssen. Eine Erhöhung auf volle, durch fünf teilbare Beträge aber würde Verteuerungen der Fahrpreise ergeben, wie sie durch die Abgabe allein nicht gerechtfertigt werden könnten.

Die Unternehmer werden daher Anlaß nehmen müssen, sich der durch die Abgabenerhebung entstehenden Lage durch eine anderweite Gestaltung ihrer Tarife anzupassen. Dazu gibt das Gesetz die Möglichkeit in vollem Umfange. Im § 7 ist die Einrechnung der Abgabe in den Beförderungspreis vorgesehen; im § 13 ist die Rechtsvermutung aufgestellt, daß die Abgabe überall da, wo sie dem Fahrgast nicht gesondert in Rechnung gestellt ist, als in den Fahrpreis einbegriffen anzusehen ist. Die Abrechnung geschieht also ausschließlich auf Grund der beim Unternehmer aufgekommenen Fahrgeldeinnahme, und hierzu bestimmt § 31, daß nach näherer Anordnung des Bundesrats eine Abrechnung über die einzelnen Steuerbeträge unterbleibt und auch eine Pauschvergütung stattfinden darf. Der Unternehmer ist sonach in der Auswahl der Wege, die er zur Wiedereinbringung der von ihm nach § 7 Abs. 1 Satz 2 entrichteten Abgabe wählen will, durch die vorliegenden Gesetzesbestimmungen nicht gehindert. Er kann durch Kürzung seiner Zonen, durch anderweite Festsetzung der Teilstrecken, durch Erhöhung seiner Sätze für weitere Strecken unter Beibehaltung seines bisherigen Mindestsatzes, der nunmehr Beförderungspreis einschließlich Abgabe darstellt, für kürzere Strecken oder auf andere Weise seinen Tarif gestalten. Ohnehin wird sich infolge der starken Erhöhung der Lohnaufwendungen und der Materialpreise, die durch den Krieg entstanden sind, für einen großen Teil der Straßenbahnen die Notwendigkeit zur Tariferhöhung wohl ergeben. Es darf angenommen werden, daß die Tarifumgestaltung einheitlich vorgenommen wird und die durch die Abgabenerhebung notwendig werdenden Preissteigerungen in den neuen Tarifsätzen gleichzeitig ihre Regelung finden.

Wenn das vorliegende Gesetz auch den Unternehmer in seinen Tarifen und deren Abänderung nicht bindet, so bestehen doch vielfach solche Bindungen durch Vereinbarungen mit Dritten, insbesondere mit Gemeinden; ebenso sind vielfach die Tarife durch behördliche Genehmigung oder durch die Festsetzung von Höchstpreisen festgelegt und ihre Änderung eingeengt. Das Gesetz mußte — ohne im übrigen damit die mehrfach streitige Frage nach der Rechtsverbindlichkeit derartiger Vereinbarungen zu entscheiden — die Möglichkeit geben, die Erhöhung der Tarife so weit vorzunehmen, als sich die Erhöhung durch die Einrechnung der Steuer in den Beförderungspreis angemessenerweise ergibt. Das Nähere hierüber bestimmen die §§ 8, 9.

Die Besteuerung des Kleinbahn- und Straßenbahnverkehrs läßt es notwendig erscheinen, unter der eingangs angedeuteten Voraussetzung auch die gewerbsmäßige Personenbeförderung auf Landwegen der Besteuerung zu unterwerfen, die neben den Personenfahrposten und den in den Städten bestehenden Omnibusverbindungen eine besondere Belebung vor allem durch die im Gebirge eingerichteten Automobillinien erfahren hat. Dagegen geht der Entwurf nicht so weit, auch den sonstigen gewerbsmäßigen Fuhrverkehr, bei dem es sich also um die Ausführung von einzelnen Fahrten handelt, insbesondere also den Droschkenverkehr und den Lohnfuhrverkehr, zur Verkehrsabgabe heranzuziehen. Bei diesem Verkehr würde es, sofern man nicht etwa zur Einführung einer Quittungssteuer greifen will, an der Möglichkeit fehlen, die Erhebung der Abgabebeträge durch den Fuhrwerksbesitzer und ihre Abführung an die Steuerbehörde sicherzustellen. — Im übrigen enthält der Entwurf gegenüber dem Personenfahrkartenstempel, der mit der neuen Besteuerung wegzufallen haben wird, eine Erweiterung nur noch insofern, als er im Personenschiffsverkehre künftig neben dem Dampfschiffsverkehr auch die Personenbeförderung in sonstigen Schiffen, insbesondere also auch in Motorfahrzeugen, der Abgabe unterwirft. Nur für den Fährverkehr ist im § 1 Abs. 3 eine Ausnahme mit Rücksicht auf seine geringe finanzielle Bedeutung, die Erhebungsschwierigkeiten sowie mit Rücksicht darauf vorgesehen, daß auch die Brückengelder dem Beförderungspreis für die Steuerberechnung nicht zugerechnet werden.

In der Besteuerung des Güterverkehrs hat das Frachturkundenstempelgesetz von 1916 eine Erweiterung des Frachturkundenstempels nur in Ansehung des Eisenbahnverkehrs, nicht auch des See- und Binnenschiffsverkehrs, gebracht. Hieran will auch der vorliegende Entwurf nichts ändern. Der Frachturkundenstempel, der aus noch darzulegenden Gründen neben der neuen Güterbeförderungsabgabe aufrechterhalten bleiben soll, wird sich also auch künftig für den Binnenschiffsverkehr nur auf ganze Schiffsladungen beziehen und das Stückgut freilassen. Genießt hiernach der Verkehr zu Wasser insoweit eine gewisse Begünstigung, so erscheint es doch ausgeschlossen, den Eisenbahnverkehr mit den weiteren neuen Lasten zu treffen, ohne wenigstens diese gleichmäßig auch dem im Wettbewerbe mit ihm stehenden Binnenschiffsverkehr aufzuerlegen. Die neue Verkehrsabgabe wird den letzteren Verkehr mithin ohne Rücksicht darauf treffen, ob es sich bei der Ladung um eine ganze Schiffsladung oder um Stückgut handelt. Im übrigen unterliegt es keinem Zweifel, daß eine Abgabe, die weder von den Schiffen, noch von den Ladungen erhoben, noch nach den zurückgelegten Entfernungen bemessen, deren Gegenstand und Umfang vielmehr durch den Akt der Beförderung des einzelnen Gutes und den dafür vereinbarten Beförderungspreis bestimmt wird, keine Schiffahrtsabgabe und überhaupt keine Gebühr, sondern eine Steuer ist.

Der Gesetzentwurf sieht für den Güterverkehr einen einheitlichen und gleichmäßigen prozentualen Zuschlag zum Beförderungspreis in Höhe von 7 v. H. vor, gleichviel welche Beförderungsart in Frage kommt, um welche Güterart es sich handelt, welche Stellung das beförderte Gut in der für die Anwendung der Eisenbahntarife etwa maßgebenden Güterklassifikation einnimmt, gleichviel auch, auf welche Entfernung das Gut befördert wird.

Eine Abstufung der Abgabe etwa in Anlehnung an die im deutschen Eisenbahngütertarif aufgestellte Güterklassifikation konnte schon deshalb nicht in Betracht gezogen werden, weil diese Güterklassifikation für den Verkehr zu Wasser und auf Landwegen nicht maßgebend ist. Nicht einmal im Eisenbahnverkehre gilt sie durchweg, z. B. regelmäßig nicht im Kleinbahnverkehre. Sie ist ferner nicht ein für allemal feststehend, sondern beruht auf der Vereinbarung der deutschen Eisenbahnen und ist hinsichtlich der Zuteilung der Güter zu den einzelnen Klassen ständigen Veränderungen unterworfen. Auch weichen im internationalen Eisenbahnverkehre die mit den fremdländischen Eisenbahnverwaltungen vereinbarten Güterklassifikationen nicht nur von der deutschen Güterklassifikation, sondern auch untereinander vielfach ab. Es kommt hinzu, daß auch da, wo die deutsche Güterklassifikation von den Eisenbahnen angenommen ist, die Einheitssätze für die einzelnen Klassen nicht überall die gleichen sind. Der größere Teil der Frachten im deutschen Eisenbahnverkehre wird schließlich nach Ausnahmetarifen gefahren, also außerhalb der nach der Güterklassifikation vorgesehenen Normalklassen. Eine etwaige Abstufung der Steuer müßte demnach die Ausnahmetarife mitumfassen, was praktisch unüberwindlichen Schwierigkeiten begegnet.

Scheidet hiernach die Möglichkeit einer solchen Abstufung aus, so erübrigt nur, den tatsächlich zur Erhebung gelangenden oder — in dem Falle des § 6 — den in Ansatz zu bringenden Beförderungspreis zugrunde zu legen und die Abgabe in einem bestimmten Prozentverhältnis zu diesem zu bemessen. Diese Besteuerungsart trägt übrigens gerade in den Fällen, wo eine Güterklassifikation die Grundlage der Beförderung bildet, den Erfordernissen der Billigkeit und Gerechtigkeit Rechnung. Was insbesondere die deutsche Güterklassifikation anlangt, die nach sorgfältiger Prüfung aller in Betracht kommenden wirtschaftlichen und sonstigen Verhältnisse — im allgemeinen nach der Einteilung der Güter in Fabrikate, Halbfabrikate und Rohstoffe — aufgestellt ist, so findet in ihr die Belastungsfähigkeit eines jeden Gutes bereits die eingehendste Berücksichtigung. Die Zuweisung der schonungsbedürftigen Güter in niedere Tarifklassen oder in Ausnahmetarife bedingt in Verbindung mit entsprechend niedrigen Einheitssätzen den der Tragfähigkeit des Gutes angepaßten niedrigeren Beförderungspreis. Da dieser die Grundlage für die Berechnung der Abgabe bildet, nimmt die Abgabe an den Vorteilen der Zuweisung zu einem billigeren Eisenbahntarif ohne weiteres und automatisch Anteil. Auch aus diesen sachlichen Erwägungen erübrigt sich eine Abstufung der Abgabe.

Was die Höhe des hiernach im Entwurfe für den gesamten Güterverkehr vorgesehenen Einheitsprozentsatzes anlangt, so erscheint eine Abgabe von 7 v. H. des Beförderungspreises einerseits zur Erzielung eines angemessenen Steuererträgnisses erforderlich, anderseits im Hinblick auf ihre wirtschaftlichen Wirkungen auch zulässig. Insbesondere im Eisenbahnverkehre spielt sich der weitaus größte Teil der Beförderung auf Entfernungen unter 200 km ab, bei denen auch für die nach der höchsten Normalklasse des deutschen Eisenbahngütertarifs der allgemeinen Wagenladungsklasse gefahrenen Güter die Abgabe wegen ihres verhältnismäßig niedrigen Betrages im allgemeinen nicht ins Gewicht fallen wird. Bei Steinen, Wegebaumaterialien, Kies u. dgl., für die bei Beförderung mit der Eisenbahn ganz überwiegend Nahentfernungen und niedrige Tarife in Betracht kommen, ist die Belastung selbst im Hinblick auf den geringen Wert dieser Güter keine übermäßig hohe. Sie beträgt z. B. bei Frachtberechnung nach dem Wegebaustofftarif (Ausnahmetarif 5) auf 50 km nur 0,18 *M* für die Tonne. Im Kleinbahnverkehr hält sich bei den in Frage kommenden kurzen Entfernungen die Belastung in durchweg niedrigen Grenzen.

Aber auch für die weiteren Entfernungen bleibt die Abgabe bei einem 7 v. H. nicht überschreitenden Satz noch erträglich, selbst für geringwertige Massengüter, wie Kohle, Erze, Düngemittel. Für 1 t Kohle z. B. beträgt auf 600 km die Fracht nach dem Rohstofftarif 11,90 *M*, die Abgabe somit 0,83 *M*. Eine Tonne Erz wird, falls es auf den Preußisch-Hessischen Staatseisenbahnen zum Ausnahmetarif 7 auf 350 km verfrachtet wird, mit 0,39 *M* Abgabe belastet, in der Verkehrsbeziehung Siegerland-Oberschlesien (rund 950 km) bei Abfertigung nach dem Ausnahmetarife 7g mit 0,63 *M*. Für eine nach dem Kalitarif abgefertigte Tonne Kali beträgt die Abgabe bei einer Beförderungslänge von 700 km 0,79 *M*, von 850 km 0,90 *M*.

Steht sonach ein Abgabesatz von 7 v. H. des Beförderungspreises der Belastungsfähigkeit der Güter schwerlich entgegen, so wird er in solcher Höhe auch nicht eine wesentliche Verschiebung der Wettbewerbsverhältnisse durch Veränderung der bisherigen Spannungen in den Frachtsätzen verschiedener Versandgebiete nach einem Empfangsgebiete herbeiführen können. Ein höherer Einheitsprozentsatz ist aus diesem Grunde und um die Verfrachtungen auf weite Entfernungen möglichst zu schonen, nicht vorgesehen. Wenn anderseits der vorgeschlagene Einheitssatz von 7 v. H. die Beförderungen auf Nahentfernungen in verhältnismäßig nur geringem Umfang steuerlich erfaßt, so bietet der nach § 1 Abs. 4 des Entwurfs auch fernerhin in Geltung bleibende Frachturkundenstempel in dieser Hinsicht einen Ausgleich. Die durch ihn bedingte Vorbelastung trifft gleichmäßig alle Entfernungen und ergänzt daher in erwünschter Weise die jetzt vorgeschlagene prozentuale Steuer. Beide Besteuerungsarten in Verbindung miteinander ergeben eine staffelförmige Bildung der Gesamtsteuer und setzen die Besteuerung der näheren Entfernungen in ein angemessenes Verhältnis zu der Besteuerung der Beförderungen auf größere Beförderungslängen.

Auch für den Schiffsverkehr erscheint eine Belastung mit 7 v. H. unbedenklich, zumal dadurch die Wettbewerbsfähigkeit der Schiffahrt gegenüber der Eisenbahn in keiner Weise beeinträchtigt wird.

Der Entwurf nimmt die Tatsache der Beförderung in einem der bezeichneten Verkehre zum Anlaß der Besteuerung. Er besteuert, was den Güterverkehr anlangt, nicht den Frachtvertrag, sondern die Güterbewegung. Darin liegt, daß grundsätzlich auch die Güterbeförderung im nichtöffentlichen Verkehr, also auf der eigentlichen Werkbahn, mit dem eigenen Schiffe steuerpflichtig ist. Schon in der Begründung des Frachturkundenstempelgesetzes von 1916 ist auf die Vorteile hingewiesen, die große Bergbauunternehmungen und Industriebetriebe in den Industriemittelpunkten des Reichs, insbesondere in Rheinland und Westfalen, in Schlesien und Lothringen, durch ihre eigenen Bahnanlagen vor denjenigen gewerblichen Betrieben voraus haben, die für ihre Güterbewegung auf die öffentlichen Bahnen angewiesen sind, und es ist bereits dort bemerkt worden, daß, wenn man nur die Beförderung im öffentlichen Verkehre mit einer Verkehrsabgabe belasten wollte, sich damit die Wettbewerbsbedingungen zugunsten jener Großbetriebe noch weiter bedeutend verschieben müssen. Was damals von der Beförderung auf eigenen Werkbahnen gesagt worden ist, gilt in gleicher Weise auch von der Güterbeförderung zu Wasser in eigenen Fahrzeugen. Einen solchen Erfolg kann die Einführung einer Steuer, die zur Abbürdung der Kriegslasten möglichst alle Volksteile gleichmäßig treffen will, unmöglich haben dürfen. Wenn trotzdem die im Entwurfe von 1916 vorgeschlagene Ersatzbesteuerung der Beförderung auf eigenen Bahnanlagen nicht Gesetz geworden ist, so lag dies weniger daran, daß die Steuerkommission den Grundgedanken selbst verworfen hätte, als an Befürchtungen, es möchte die Abgrenzung dieser Ersatzbesteuerung gegenüber solchen Beförderungsanlagen, die aus der geschlossenen Betriebsanlage nicht heraustreten und daher allerdings steuerfrei zu lassen sind, nicht hinlänglich durchführbar sein. Da die Gründe für die Ersatzbesteuerung durch den Hinzutritt der neuen Verkehrsabgabe aber erheblich an Schwergewicht gewinnen, diese Gründe auch nicht so sehr fiskalischer als volkswirtschaftlicher Natur sind, wird man jene Bedenken nicht für unüberwindlich halten dürfen. Wie schon seinerzeit hervorgehoben, sind der Reichssteuergesetzgebung Ersatzsteuern der bezeichneten Art nicht fremd. Es darf in dieser Hinsicht verwiesen werden auf die im § 6 des früheren Reichsstempelgesetzes als Ersatz für den Aktienstempel vorgeschrieben gewesene Abgabe von Aktienneugründungen und Kapitalerhöhungen bei Aktiengesellschaften, die keine Aktienurkunden ausgeben, und im geltenden Reichsstempelgesetz auf die im § 17 angeordnete Ersatzabgabe für den Talonstempel gegenüber Aktiengesellschaften, die keine Gewinnanteilscheine ausgeben, sowie auf den als Ersatz für die Grundwechselabgabe nach § 95 bestehenden Fideikommißstempel.

Die neue Verkehrsbesteuerung soll nach Sinn und Absicht des Gesetzes denjenigen treffen, für dessen Rechnung die Beförderung erfolgt, im öffentlichen Verkehr also denjenigen, der den Beförderungspreis zu zahlen hat. Ihn erklärt daher auch der Entwurf als den Schuldner der Abgabe (§ 7 Abs. 1 Satz 1). Um die Abwicklung des Steuergeschäfts aber auf die einfachste Art zu gestalten, erscheint es geboten, die Abführung der Abgabe an die Steuerverwaltung in jedem Falle durch den Beförderungsunternehmer geschehen zu lassen und diesem zu überlassen, die Abgabe mit dem Beförderungspreise von dem Schuldner der Abgabe einzuziehen, wie dies auf dem Gebiete des Reichsstempelwesens schon jetzt beim Frachturkundenstempel und Personenfahrkartenstempel, bei der Tantiemesteuer und beim Versicherungsstempel geschieht. Der Entwurf spricht daher weiter aus, daß zu Lasten des Schuldners die Abgabe vom Betriebsunternehmer zu entrichten ist (§ 7 Abs. 1 Satz 2) und daß im Verhältnis zwischen diesem und dem Schuldner der Abgabe diese als Teil des Beförderungspreises gilt (§ 10).

Das Verfahren zur Entrichtung der Steuer wird sich hiernach in der Hauptzahl der Fälle sehr einfach gestalten können, indem bei den vom Reiche und den Bundesstaaten betriebenen Unternehmungen immer, bei den übrigen Beförderungsunternehmungen wenigstens insoweit als den erforderlichen Sicherungsmaßnahmen genügt wird, auf Grund periodisch einzureichender Verkehrsnachweisungen über die in einem bestimmten Zeitraum ausgeführten Beförderungen abgerechnet wird. Soweit private Beförderungsunternehmungen nicht zum Abrechnungsverfahren zugelassen sind, wird die Entrichtung der Abgabe im Anschluß an den einzelnen Beförderungsakt oder an den aus Anlaß der Beförderung erteilten Ausweis durch Bareinzahlung an die Steuerbehörde zu erfolgen haben. Die Mehrerträgnisse der Steuer gegenüber den bisherigen Stempelabgaben vom Personen- und Güterverkehre sind nach der in der Anlage*) beigefügten Ertragsberechnung unter Zugrundelegung der Verkehrsverhältnisse des Jahres 1913 auf 315 Millionen Mark zu schätzen.

Zu einer Verkehrsbesteuerung sind aus Anlaß des Krieges auch andere Staaten, zum Teil in wesentlich verschärftem Maße,

*) Wird hier nicht mit abgedruckt.

übergegangen. So ist in Österreich-Ungarn, und zwar in Österreich durch eine Frachtsteuer und einen Kriegszuschlag, in Ungarn durch eine Eisenbahnkriegssteuer, auf die Güterbeförderung eine 30 prozentige Abgabe gelegt und die Personenfahrkartensteuer in Österreich für den Verkehr auf Hauptbahnen auf 20 v. H., für den Verkehr auf Lokalbahnen auf 10 v. H., für den Verkehr auf Kleinbahnen auf 5 v. H. erhöht worden. Italien hat neben zweimaligen Erhöhungen der Güter- und Personentarife um 5 v. H. mit Wirkung vom 1. November 1916 ab Stempelabgaben auf Transporte eingeführt, die sich zwischen 0,10 bis 0,50 Lire für Güter bis zu einer Tonne bewegen. In Rußland besteht seit 1914 ein 25 prozentiger Steuerzuschlag auf Personenfahrkarten mit einem Ertrage von 50 Millionen Rubel, ein 15 prozentiger Aufschlag für Passagiergepäck mit einem Ertrage von 29 Millionen Rubel und ein Steueraufschlag auf Expreß-, Eil- und Frachtgut mit einem Ertrage von 112 Millionen Rubel sowie auf die Beförderung von Baumwolle mit einem Ertrage von 32 Millionen Rubel. Endlich hat England im April 1916 eine Erhöhung seiner Fahrkartensteuer mit einem Mehrertrage von 60 Millionen Mark vorgenommen.

§ 1. Die Beförderung von Personen und Gütern auf Schienenbahnen sowie auf Wasserstraßen unterliegt einer in die Reichskasse fließenden Abgabe nach Maßgabe dieses Gesetzes.

Die Beförderung von Personen und Gütern auf Landwegen unterliegt dieser Abgabe insoweit, als die Beförderung durch ein dem öffentlichen Verkehre dienendes Unternehmen mit motorischer Kraft auf bestimmten Linien mit planmäßigen Fahrten betrieben wird. Als Beförderung auf Landwegen gilt auch der Verkehr innerhalb geschlossener Ortschaften.

Der Brief- und Paketverkehr der Post und der Fährbetrieb mit Ausnahme des Eisenbahnfährbetriebs fallen nicht unter dieses Gesetz.

Zum § 1.**)

Gegenstand der Besteuerung ist nach § 1 die Beförderung von Personen und Gütern. Einen Teil der Güterbeförderung bildet auch der Flößereibetrieb. Die Abgabe ist nach § 4 von dem Preise zu entrichten, der für die Beförderung an den Betriebsunternehmer zu zahlen ist. Als solcher kommt nur derjenige in Betracht, der die Bewegung der Personen oder Güter durch eigene oder fremde Beförderungsmittel ausführt oder ausführen läßt. Dies ist im Eisenbahnverkehre der Eisenbahnbetriebsunternehmer, nicht der Spediteur, und zwar letzterer auch dann nicht, wenn er im Sammelladungsverkehre nach Handelsgesetzbuch § 413 als Frachtführer gilt. Geschieht im Schiffsverkehre die Versendung der zur Beförderung übernommenen Güter nicht im eigenen Schiffe, sondern in einem Schiffe, das zu diesem Zwecke im ganzen oder zu einem verhältnismäßigen Teil, oder von dem ein bestimmt bezeichneter Raum verfrachtet ist, so ist Betriebsunternehmer im Sinne dieses Gesetzes derjenige, der dem Versender gegenüber die Beförderung des Gutes übernommen hat, nicht derjenige, dessen Schiff verfrachtet ist. Dementsprechend ist im Flößereibetrieb, wenn der Floßspediteur das Floßgut einem Unterunternehmer zur Beförderung übergibt, der Aussteller des Floßkonnossements der Betriebsunternehmer.

Zum Abs. 1. Unter Schienen- und Seilbahnen sind auch die Hängebahnen zu verstehen. — Als Wasserstraße gilt jedes schiffbare oder flößbare Gewässer einschließlich der Binnenseen. Die sogenannte wilde Flößerei fällt nicht unter das Gesetz.

Zum Abs. 2. Die Beförderung auf Landwegen ist der Besteuerung nur insoweit unterworfen, als sie durch ein dem öffentlichen Verkehre dienendes Unternehmen geschieht. Der Begriff des öffentlichen und nichtöffentlichen Verkehrs ist auch sonst für das Gesetz von Bedeutung (vgl. § 3 Abs. 2, § 6, § 7 Abs. 1 Satz 3). Dem öffentlichen Verkehre dient jedes Beförderungs-

**) Diese Anmerkungen sind ebenso wie die zu den folgenden Paragraphen der amtlichen Begründung entnommen.

unternehmen, das nach seinen Geschäftsbedingungen jedermann zur Benutzung offensteht, in der Regel hiernach jede gewerbsmäßige Personen- oder Güterbeförderung. Hiermit scheidet im Landverkehr eine Steuerpflicht für die Beförderung von Gütern mit eigenen Beförderungsmitteln, insbesondere also z. B. die Zubringung der Waren durch die eigenen Geschirre der Geschäftshäuser aus. Die weitere Voraussetzung der Steuerpflicht bildet, daß das Unternehmen auf bestimmten Linien mit planmäßigen Fahrten betrieben wird. Danach ist insbesondere der Rollfuhrbetrieb der Spediteure, aber auch der gewöhnliche Botenfuhrwerksverkehr von der Abgabe befreit. Planmäßigkeit der Fahrten wird nur anzunehmen sein, wenn die Beförderungsgelegenheit fahrplanmäßig festgelegt ist, die Fahrten also nicht nur nach Bedarf stattfinden. Als Beförderung auf Landwegen muß auch der Verkehr innerhalb geschlossener Ortschaften gelten, da es bei einer Besteuerung des Straßenbahnverkehrs unerläßlich ist, auch den Omnibusverkehr mit der Steuer gleichzeitig zu treffen.

Zum Abs. 3. Vgl. oben Seite 8, 13.

§ 2. Der Abgabe unterliegt die Beförderung

a) von Personen und Gütern innerhalb des Reichsgebiets;

b) von Personen und Gütern im Schiffsverkehre zwischen deutschen Ost- und Nordseehäfen einschließlich der Rheinseehäfen; ferner die Beförderung von Personen bei Fahrten in die freie See, und zwar auch dann, wenn die Fahrten nach dem inländischen Ausgangshafen ohne Berührung anderer Orte zurückkehren;

c) von Gütern im Schiffsverkehre zwischen inländischen Häfen und ausländischen Festlandshäfen des Kanals und der Nord- und Ostsee von Le Havre einschließlich bis Kap Domesnaes, mit Ausschluß der dänischen Häfen.

Der nicht unter Abs. 1 fallende Seeverkehr unterliegt diesem Gesetz auch nicht in Ansehung der Beförderungsstrecke vom inländischen Hafen bis zur Seegrenze, ebensowenig der Leichterverkehr, soweit er in Ausführung des Seefrachtvertrags zwischen benachbarten Seehäfen erfolgt.

Die Beförderung auf dem Bodensee gilt im Sinne dieses Gesetzes nicht als eine Beförderung innerhalb des Reichsgebiets.

Zum § 2.

§ 2 umschreibt das Geltungsgebiet des Gesetzes.

Zum Buchstaben a. Der Besteuerung unterliegt nicht nur die Beförderung, insofern sie im Inland beginnt und endet, sondern auch — in Ansehung der im Inland zurückgelegten Beförderungsstrecke — die Beförderung vom Inland nach dem Ausland und umgekehrt und die Beförderung vom Ausland nach dem Ausland, die das Reichsgebiet nur in der Durchfuhr berührt.

Zu den Buchstaben b, c. In gleicher Weise wie der Binnenschiffsverkehr muß auch der deutsche Küstenverkehr und, da ein unmittelbarer Seeverkehr auch zwischen den Häfen der Nord- und Ostsee und den Rheinhäfen bis Cöln stattfindet, auch dieser Verkehr der Besteuerung unterworfen werden. Unter Schiffsverkehr zwischen deutschen Ost- und Nordseehäfen im Sinne der Vorschrift unter b ist ebenso wie im Sinne der Vorschrift des § 3 Nr. 3 nicht nur der Verkehr zwischen Ostseehäfen und Nordseehäfen, sondern auch der Verkehr zwischen Ostseehäfen untereinander und Nordseehäfen untereinander zu verstehen. Daß darüber hinaus auch die Beförderung von Gütern im Schiffsverkehre zwischen inländischen Häfen und ausländischen Festlandshäfen des Kanals und der Nord- und Ostsee von Le Havre einschließlich bis Kap Domesnäs für steuerpflichtig erklärt worden ist, beruht in der naheliegenden Befürchtung, daß, wenn dieser Verkehr von der Abgabepflicht entbunden bliebe, jene ausländischen Häfen den Verkehr von den deutschen Umschlagplätzen abzuleiten in der Lage sein würden. — Unter dem unter c erwähnten Verkehre sind nur solche Beförderungen verstanden, deren Anfangs- und Endpunkte nach dem zugrunde liegenden Frachtvertrage die dort bezeichneten Häfen sind. Daß im transozeanischen Verkehre die Schiffe etwa während der Beförderung einen der genannten fremden Häfen angelaufen haben, macht die Beförderung nicht steuerpflichtig. Das gleiche gilt von dem Zwischenhafenverkehre, wenn binnenländische Häfen ohne Löschung der Güter in der Fahrt vom Ausland nach dem Ausland berührt werden.

Zum Abs. 2. Aus der Vorschrift unter a würde sich ergeben, daß der nicht unter b, c fallende Seeverkehr, insbesondere also der überseeische Verkehr, der inländischen Steuer in Anlehung der Beförderungsstrecke vom inländischen Hafen bis zur Seegrenze unterliegt. Dies wird ebenso auszuschließen sein, wie die Besteuerung des Leichterverkehrs nach benachbarten Häfen in den Fällen, in denen in dem nicht unter b, c fallenden Seeverkehr das Seeschiff nicht bis zu dem im Konnossement als Bestimmungsort bezeichneten Hafen geht.

Zum Abs. 3. Die Befreiung der Beförderungen auf dem Bodensee entspricht internationalen Grundsätzen.

§ 3. Von der Abgabe befreit sind:

1. Personenbeförderungen im Arbeiter-, Schüler- und Militärpersonenverkehr und Gepäckbeförderungen im Militärgepäckverkehre, soweit die Abfertigung in diesen Verkehren zu ermäßigten Preisen erfolgt;
2. Beförderungen von Gütern, die den Zwecken des eigenen Beförderungsunternehmens dienen;
3. Beförderungen von Gütern zur See zwischen deutschen Nord- und Ostseehäfen, sofern die Güter unmittelbar oder mittelbar aus dem Ausland

nach einem dieser Häfen eingegangen oder nach dem Ausland über einen dieser Häfen ausgegangen sind. Die näheren Bestimmungen über die Steuerbefreiung trifft der Bundesrat. Er kann insbesondere bestimmen, daß der Nachweis der Einfuhr aus dem Ausland für solche Güter als geführt anzusehen ist, die von ihm als Gegenstände des Stapelverkehrs des Einfuhrhafens erklärt sind;

4. Beförderungen von Gütern in nicht mit motorischer Kraft betriebenen Schiffen, die nicht höher als zu 100 Kubikmeter Reinraumgehalt oder 50 Tonnen Tragfähigkeit vermessen sind;

5. Beförderungen von Gütern zu Wasser innerhalb eines Hafengebiets oder innerhalb eines oder desselben Ortes. Der Bundesrat bestimmt, was als ein Hafengebiet oder als ein Ort im Sinne dieser Vorschrift anzusehen ist;

6. Beförderungen der im Betriebe der Fischerei gewonnenen Erzeugnisse zu Wasser nach dem Ausladeplatz und Beförderungen von Baggergut zu Wasser im Betrieb einer öffentlichen Verwaltung;

7. Beförderungen von Bau- und Betriebsstoffen zu Wasser im Betrieb einer Wasserbauverwaltung;

8. Beförderungen von Steinkohlen, Braunkohlen, Koks und Preßkohlen aller Art im Eisenbahnverkehre.

Der Bundesrat wird ermächtigt, für Personenbeförderungen auf Stadtschnellbahnen, sofern die Herstellungskosten mehr als durchschnittlich zwei Millionen Mark für das Kilometer betragen, Steuerfreiheit zu gewähren. Als Stadtschnellbahnen gelten die auf straßenfreiem Bahnkörper liegenden elektrischen Kleinbahnen für den Orts- und Vorortsverkehr der Großstädte.

Im nichtöffentlichen Güterverkehre sind außerdem von der Abgabe befreit:

1. Beförderungen von Abfallstoffen auf Halden oder sonstige Ablagerungsstätten sowie von Versatzstoffen im Bergbaubetriebe;
2. sonstige Beförderungen auf nichtöffentlichen Bahnanlagen (Werkbahnen, Grubenbahnen usw.),
   a) wenn die Beförderungen innerhalb derselben geschlossenen Betriebsanlage beginnen und endigen,
   b) wenn die Bahnanlage eine Länge von 6 Kilometern nicht überschreitet,
   c) wenn die Bahnanlage in einer Feldbahn oder einer ähnlichen Bahn besteht, die nur zu vorübergehenden Zwecken angelegt ist,
   d) wenn die Bahnanlage nur mit menschlicher Kraft betrieben wird;
3. Beförderungen im eigenen Wirtschaftsbetrieb auf Wasserstraßen innerhalb einer Entfernung von 6 Kilometern.

Zum § 3 Abs. 1.

Zu Nr. 1. Hinsichtlich dessen, was als Arbeiter- und Schülerverkehr anzusehen ist, werden im allgemeinen diejenigen Grundsätze und Bestimmungen anzuwenden sein, die hierüber bei den Staatseisenbahnen bestehen.

Zu Nr. 2. Zu den hier aufgeführten Gütern gehört insbesondere das Dienstgut der Betriebsverwaltung, und zwar sowohl das Betriebsdienstgut (Kohlen usw.) wie das Baudienstgut. Güter, die von einer Eisenbahnbetriebsverwaltung für Zwecke des eigenen Beförderungsunternehmens über fremde

Eisenbahnen bezogen werden, genießen die Abgabefreiheit nur hinsichtlich der Beförderung auf den eigenen Bahnen. Auch gilt die Abgabefreiheit nicht, wenn das Gut vertragsmäßig an die Betriebsverwaltung erst nach beendeter Beförderung am Bestimmungsorte zu liefern ist. Die Güter müssen außerdem für die Zwecke des Beförderungsunternehmens bestimmt sein. Es genügt nicht, daß sie für einen sonstigen Betrieb des Unternehmers bestimmt sind.

Zu Nr. 3. Der Verkehr zwischen deutschen Nord- und Ostseehäfen ist zum Teil ein Verkehr mit Gütern, die, aus dem Ausland nach einem dieser Plätze eingehend, von hier aus nach einem andern deutschen Hafenplatz weitergehen, oder die von dem einen nach einem andern deutschen Hafen verfrachtet werden, um von diesem aus nach dem Ausland weiterversandt zu werden. Eine Belegung dieses Transitverkehrs mit der Steuer würde bei den scharfen Wettbewerbsverhältnissen mit dem Ausland die wahrscheinliche Folge haben, daß die eingehenden Güter künftig unter Umgehung des deutschen Umschlaghafens entweder in unmittelbarer Fahrt nach dem deutschen Bestimmungshafen, die ausgehenden Güter vom ersten Hafen unmittelbar ins Ausland gebracht werden, oder daß sie in einem ausländischen Hafen, sei es der englischen oder norwegischen Küste oder einen andern fremdländischen Hafen der Nord- und Ostsee, umgeschlagen werden, dessen Verkehr mit den deutschen Häfen nach § 2 b, c nicht der Besteuerung unterliegt. Dieser Verkehr wird daher insoweit freigelassen werden müssen, als der Nachweis der ausländischen Herkunft oder der ausländischen Bestimmung geführt wird. Die näheren Bestimmungen hierüber werden dem Bundesrat zu überlassen sein. Bei den aus dem Ausland eingehenden Waren handelt es sich zum großen Teil um Waren, die nicht von vornherein für den anderen inländischen Hafenplatz bestimmt sind und in dem berührten ersten deutschen Hafen nur umgeschlagen werden, sondern die einen Gegenstand des Stapelverkehrs dieses Hafenplatzes bilden und von hier aus im freien Handel weiter veräußert werden. Bei vielen dieser

Artikel, wie Baumwolle, Kolonialwaren, Südfrüchten, ausländischen Hölzern usw., wird sich schon aus der Art der Gegenstände ihre ausländische Herkunft ergeben und es wird hier das Zugeständnis der abgabefreien Beförderung von dem einen nach dem anderen Hafen an keine andere Voraussetzung geknüpft zu werden brauchen, als daß diese Gegenstände vom Bundesrat als Gegenstände des Stapelverkehrs des Einfuhrhafens anerkannt sind.

Die Befreiungsvorschrift zu Nr. 3 greift nur insoweit Platz, als die Beförderung zwischen den genannten deutschen Häfen zur See erfolgt. Als Beförderung zur See gilt auch die Beförderung durch den Kaiser-Wilhelm-Kanal. Nicht erforderlich ist, daß die eingeführten Güter nach dem Hafen, von dem aus sie nach dem anderen deutschen Hafen befördert werden, unmittelbar aus dem Ausland eingegangen sind. So soll für die Weiterbeförderung überseeischer oder sonstiger ausländischer Güter von Lübeck nach ostdeutschen Häfen die Befreiung nicht deshalb ausgeschlossen sein, weil diese Güter aus dem Ausland nach Hamburg eingegangen und erst von hier aus, sei es mit der Eisenbahn, sei es auf dem Wasserwege, nach Lübeck zur Weiterversendung nach Osten verladen worden sind.

Zu Nr. 4. Durch die hier vorgesehene Befreiungsvorschrift sind die Fälle des kleinen Verkehrs auf Wasserstraßen von der Abgabe freigestellt, wie er sich in den Küstengegenden, in den Moorgegenden, im Spreewald oder sonst in Binnengewässern an Stelle des Landstraßenverkehrs findet. Die Schwierigkeiten der Abgabenerhebung, die Belästigung des Verkehrs, insbesondere durch Unterstellung unter den Frachturkundenzwang, würden hier außer allem Verhältnis zu dem Steueraufkommen stehen, zumal nach dem Gesetze nicht nur die gewerbsmäßige Güterbeförderung, sondern auch die Beförderung auf eigenen Schiffen unter die Abgabepflicht fallen müßte. Doch soll sich die Befreiung nur auf die Güterbeförderung, nicht auf die Personenbeförderung beziehen. Durch die Befreiung wird im allgemeinen auch der Marktverkehr aus der Abgabepflicht ausgeschlossen.

Zu Nr. 5. Die Befreiung, durch die insbesondere auch der Schuten- und Ewerverkehr der Steuerpflicht entzogen wird, rechtfertigt sich mit Rücksicht darauf, daß auch der gewöhnliche Fuhrverkehr und der Rollfuhrverkehr von der Abgabe frei ist.

Zu Nr. 6. Die Befreiungsvorschrift bezieht sich nicht auf die Beförderung des im Betrieb einer öffentlichen Verwaltung gewonnenen Baggerguts nach dessen Veräußerung.

Zum § 3 Abs. 3

ist im allgemeinen auf das auf Seite 18 Gesagte zu verweisen.

Zu Nr. 1. Von der Besteuerung ausgenommen werden muß billigerweise die Beförderung von Abfallstoffen, soweit es sich nur darum handelt, diese durch Ablagerung beiseite zu bringen. Die Besteuerung würde aber beispielsweise Platz greifen, wenn abgelagerte Abfallstoffe, wie etwa Thomasschlacke, zur Aufbereitung von der Ablagerungsstätte wieder abbefördert werden. Der Beförderung von Abfallstoffen auf Halden usw. ist die Beförderung von Versatzstoffen im Bergbaubetriebe, z. B. von Sand als Spülversatz, gleichgestellt, da es sich hierbei um gewisse öffentliche Interessen (Abbau von Mineralien) unter bewohnten Ortschaften handelt.

Zu Nr. 2 a, b. Aus den angeführten allgemeinen Gründen ergibt sich, daß die Abgabe nur auf diejenigen nichtöffentlichen Bahnanlagen abzielen kann, die aus einer geschlossenen Betriebsanlage heraustreten. Neben dem Zwecke, die Güter von einer Betriebsstätte zu einer anderen Betriebsstätte überzuleiten, muß vor allem die Überwindung größerer räumlicher Entfernungen als Zweck der Betriebsanlage in den Vordergrund treten. Es liegt hiernach nicht im Sinne der Befreiungsvorschrift, die Geschlossenheit der Betriebsanlage in einer allzu engen räumlichen Bedeutung zu nehmen. Daß eine Betriebsanlage von einer öffentlichen Straße, einer öffentlichen Eisenbahn, einem Flußlauf durchschnitten wird, oder daß die Teile eines technisch zusammenhängenden Betriebs, etwa der Kalkbruch einer Zementfabrik und die Fabrikanlage, durch einen zu überquerenden fremden Grundstückstreifen getrennt sind, wird nicht dazu führen können, die Geschlossenheit der Betriebsanlage zu verneinen. Im übrigen wird der Begriff eines geschlossenen Betriebs durch eine räumliche Umgrenzung (Zaun, Mauer) weder bedingt noch gegeben. Die etwaigen Schwierigkeiten, die sich aus der Bestimmung dessen, was als eine geschlossene Betriebsanlage anzusehen ist, ergeben können, wird übrigens im wesentlichen durch die Befreiungsvorschrift unter Nr. 2 b begegnet, wonach für Bahnanlagen von nicht mehr als 3 km Länge in jedem Falle die Anwendung der Besteuerungsvorschriften ausgeschlossen ist. Für die Bemessung der 3 km kommen nur die der eigentlichen Beförderung dienenden Hauptgleise in Betracht, dagegen nicht Aufstellungs-, Auszieh-, Verschiebe- und andere Nebengleise. Als Erfordernis für die Befreiung unter a ist vorgeschrieben, daß die Beförderung innerhalb derselben geschlossenen Betriebsanlage beginne und endige. Erstreckt sich dagegen die Beförderung über die Grenzen der geschlossenen Betriebsanlage hinaus, z. B. von oder nach einem privaten oder öffentlichen Hafen, einer Erz- oder Kohlengrube, so ist sie dann nicht befreit, wenn die Gesamtlänge der Bahnanlage — gleichgültig ob die Beförderung über ihre gesamte Länge oder nur über einen Teil davon geschieht — mehr als 3 km beträgt.

Zu Nr. 2.c. Es kann des Weiteren nicht die Absicht sein, die Güterbeförderung auf solchen nicht öffentlichen Bahnanlagen zu der Abgabe heranzuziehen, welche, wie regelmäßig Feldbahnen, Baubahnen, Waldbahnen usw., nur zu vorübergehenden Zwecken und daher nicht ortsfest angelegt sind oder die ausschließlich mit menschlicher Kraft betrieben werden.

Zu Nr. 3. Die Vorschrift entspricht der Befreiung unter Nr. 2 b.

§ 4. Die Abgabe wird von dem Preise berechnet, der für die Beförderung an den Betriebsunternehmer zu entrichten oder im nichtöffentlichen Verkehre nach § 6 der Berechnung zugrunde zu legen ist.

Soweit bei einer Beförderung fremdes Hoheitsgebiet berührt wird, ist der auf dieses Gebiet entfallende Anteil des Beförderungspreises (§§ 5, 6) bei der Berechnung der Abgabe außer Ansatz zu lassen. Inwieweit im grenzüberschreitenden Verkehre bei Berechnung der Abgabe kurze Beförderungsstrecken zu berücksichtigen oder nicht zu berücksichtigen sind, bestimmt der Bundesrat.

Der Bundesrat bestimmt ferner, nach welchen Grundsätzen im internationalen Verkehre der Anteil des inländischen Betriebsunternehmens am Beförderungspreise bei der Abgabenberechnung zu berücksichtigen ist.

Zum § 4.

Zum Abs. 1 vergleiche die Ausführungen zu § 1 Abs. 1.

Abs. 2 Satz 1 bezieht sich insbesondere auf den Schiffsverkehr, insoweit bei der Beförderung ein der Staatshoheit eines anderen Staates unterliegendes Gewässer befahren wird. Unter dem grenzüberschreitenden Verkehr im Sinne des Satzes 2 ist der Eisenbahnverkehr verstanden, bei dem die unter inländischer Verwaltung stehende Eisenbahnstrecke über die Grenze in das fremde Staatsgebiet, oder die unter ausländischer Verwaltung stehende Bahnstrecke über die Grenze in das deutsche Staatsgebiet hineinragt, die Betriebswechselstation sich also auf dem anderen Staatsgebiete befindet, oder wenn auf kurzen Strecken fremdländisches Gebiet von der inländischen Eisenbahn, inländisches Gebiet von der fremdländischen Eisenbahn durchschnitten wird. Um hier die Abrechnung über die Abgabe nicht unnötig zu erschweren, wird der Bundesrat zu ermächtigen sein, hinsichtlich dieser kurzen Beförderungsstrecken abweichende Vorschriften über die Art und Weise der Abgabenberechnung zu treffen.

Ebenso muß im internationalen Verkehre bei der Verschiedenartigkeit der zu berücksichtigenden Verhältnisse der Bestimmung des Bundesrats überlassen bleiben, nach welchen Grundsätzen der Anteil des inländischen Betriebsunternehmens am Beförderungspreise zu berücksichtigen ist.

§ 5. Als Beförderungspreis gelten im Eisenbahnverkehr und im Eisenbahnfährverkehre die Personenfahrpreise, die Frachten einschließlich der Privatanschlußfrachten und die sonstigen tarifmäßigen Beträge mit Ausnahme der Nebengebühren und der baren Auslagen.

Im Verkehr auf Wasserstraßen gelten als Beförderungspreis die Personenfahrpreise, die Frachten, die Schlepplöhne und die im gewöhnlichen Verkehre berechneten Kosten der Ableichterung.

Nicht zum Beförderungspreise gehören die Abgaben für die Benutzung von Wasserstraßen und Landwegen (Befahrungsabgaben, Schleusen-, Kanal-, Brücken-, Chaussee- und Wegegelder), die aus Anlaß der Zollüberwachung und Zollabfertigung entstandenen Gebühren, die Personeneinschreibgebühr der Landpostverbindungen und der Frachturkundenstempel.

Die näheren Bestimmungen darüber, was als Beförderungspreis anzusehen ist, trifft der Bundesrat.

Zum § 5.

In § 5 sind die näheren Bestimmungen darüber getroffen, was als Beförderungspreis zu gelten hat.

Im Eisenbahnverkehr ist zu den Personenfahrpreisen neben dem Entgelt für die gewöhnlichen Fahrkarten und die Schnellzugszuschlagkarten (§ 11 Abs. 2) auch der Preis für die Zuschlagkarten zu Luxuszügen und für Bettkarten zu rechnen, nicht dagegen der Preis für Bahnsteigkarten und für solche Zuschlagkarten, die an Reisende zu verabfolgen sind, welche ohne gültigen Fahrausweis betroffen werden (§ 16 Abs. 2, 4, 5 der Eisenbahnverkehrsordnung). Als Frachten haben neben den im Gesetz erwähnten Privat-Anschlußfrachten auch die Frachtzuschläge (§ 60 der Eisenbahnverkehrsordnung) zu gelten. Dagegen sollen Nebengebühren und bare Auslagen außer Ansatz bleiben. Hierbei sind unter Nebengebühren diejenigen Gebühren zu verstehen, die in den Nebengebührentarifen als solche aufgeführt sind.

Im Verkehre auf Wasserstraßen haben dem Frachtbetrage die Schlepplöhne hinzuzutreten, soweit sie nicht bereits in die Fracht eingerechnet sind, ebenso die Kosten der Ableichterung, soweit solche im gewöhnlichen Verkehre neben der Fracht in Ansatz gebracht werden oder in dieser einbegriffen sind. Trifft dies zu, so sind die Leichterkosten als Teil des Beförderungspreises auch dann anzusehen, wenn es tatsächlich nicht zu einer Ableichterung gekommen ist. Liegt die Ableichterung nicht im gewöhnlichen Verlaufe der Reise, sondern ist sie infolge von Unglücksfällen oder anderen Notständen notwendig geworden, so sollen die hierdurch entstehenden Kosten in den Beförderungspreis nicht eingerechnet werden. Liegegelder sind bei der Steuerberechnung nicht besonders zum Ansatz zu bringen, da auch im Eisenbahnverkehre die Wagenstandsgelder als Nebengebühren dem Beförderungspreise nicht zugerechnet werden sollen.

Soweit die Abgaben für die Benutzung von Wasserstraßen (§ 5 Abs. 3) nicht auf der Ware ruhen, sondern vom Schiffsraumgehalt erhoben werden, kommt ihre Ausscheidung aus dem Beförderungspreis nicht in Betracht.

Da im Schiffsverkehre die Frachtsätze im allgemeinen nicht tarifmäßig feststehen, vielmehr je nach Lage des Frachtenmarktes schwanken, anderseits die Beförderungskosten vielfach im ganzen kalkuliert werden, ist die Gefahr nicht von der Hand zu weisen, daß zur Ersparung der Abgabe der Unternehmergewinn, der an sich in der Fracht zum Ausdruck zu kommen hätte, auf die sonstigen, nach dem Gesetze nicht zum Beförderungspreise gerechneten Kosten geschlagen und die reine Fracht unverhältnismäßig niedrig angesetzt wird. Die Vorschrift des

Abs. 4, die dem Bundesrate die nähere Bestimmung darüber überläßt, was als Beförderungspreis anzusehen ist, soll die Möglichkeit gewähren, im Wege der Ausführungsanweisung solchen Umgehungen vorzubeugen.

§ 6. Werden Güter im nichtöffentlichen Verkehre für eigene Rechnung oder für Rechnung eines Dritten befördert, so ist der Berechnung der Abgabe derjenige Betrag als Beförderungspreis zugrunde zu legen, der unter gleichen oder ähnlichen Verhältnissen im öffentlichen Güterverkehre gezahlt wird. Bei der Güterbeförderung auf nichtöffentlichen Bahnanlagen (§ 3 Abs. 2 Nr. 2) ist als Beförderungspreis 1 Pfennig für das Tonnenkilometer in Ansatz zu bringen.

Kommt eine Einigung mit dem Betriebsunternehmer darüber, welcher Betrag gemäß Abs. 1 der Abgabenberechnung zugrunde zu legen ist, nicht zustande, so ist die Steuerstelle befugt, diesen Betrag vorbehaltlich einer anderweiten Festsetzung im Rechtsweg (§ 20) selbständig zu bestimmen und danach die Abgabe zu erheben.

Zum § 6.

§ 6 handelt im Zusammenhange mit der Bestimmung dessen, was als Beförderungspreis anzusehen ist (§ 5), von der Güterbeförderung im nichtöffentlichen Verkehre.

Im Abs. 1 ist zunächst zum Ausdruck gebracht, daß die Steuerpflicht für die Güterbeförderung mit eigenen Betriebsmitteln nicht nur dann besteht, wenn eigene Güter, sondern auch dann, wenn Güter dritter Personen befördert werden, ohne daß sich diese Beförderung als gewerbsmäßig ansprechen läßt. Dies wird z.B. dann der Fall sein, wenn ein Werk auf eigener Bahnanlage Güter für eine Tochtergesellschaft oder für ein Unternehmen, zu dem es im Verhältnis einer Interessengemeinschaft steht, ohne Ausbedingung eines angemessenen Entgelts befördert, oder den seinem Zwecke dienenden Bahnbetrieb mit eigener Rechtspersönlichkeit ausstattet.

Hiernächst wird im § 6 bestimmt, welcher Betrag bei der Güterbeförderung im nichtöffentlichen Verkehr an Stelle des Beförderungspreises der Abgabeentrichtung zugrunde gelegt werden soll. Es ist dies der Betrag, der als Beförderungspreis unter gleichen oder ähnlichen Verhältnissen im öffentlichen Güterverkehre zu zahlen wäre. Bei der Güterbeförderung auf nichtöffentlichen Bahnanlagen ist hierbei ein fester Betrag von einem Pfennig für das Tonnenkilometer vorgeschrieben, ein Betrag, der im großen ganzen dem niedrigsten Satz im öffentlichen Eisenbahnverkehr entspricht. Für die Beförderung in eigenen Schiffsgefäßen läßt sich aus den zu § 5 a. E. angeführten Gründen ein bestimmter Beförderungssatz im Gesetze nicht festlegen, doch wird seine Bestimmung im einzelnen Falle im allgemeinen da nicht auf Schwierigkeiten stoßen, wo eine besondere Frachtenbörse besteht. Auch wo dies nicht der Fall ist, wird sich der in Ansatz zu bringende Beförderungssatz durch Einholung von Sachverständigengutachten der Handelsvertretungen, insbesondere der Handelskammern, unschwer feststellen lassen.

Nach Abs. 2 kann sich die Steuerbehörde mit dem Unternehmer über den der Abgaberechnung zugrunde zu legenden Betrag einigen. Ist eine solche Einigung zustande gekommen, so ist sie für beide Teile in gleichem Umfange wie ein Vergleich (BGB. § 779) wirksam. Kommt eine Einigung nicht zustande, so erklärt Abs. 2 die Steuerbehörde für befugt, den Betrag selbständig zu bestimmen. Doch soll gegen eine solche Festsetzung für den Betriebsunternehmer die Beschreitung des Rechtsweges nicht ausgeschlossen sein.

§ 7. Schuldner der Abgabe ist derjenige, der den Beförderungspreis zu zahlen hat. Zu seinen Lasten ist die Abgabe vom Betriebsunternehmer zu entrichten. Dieser ist im nichtöffentlichen Güterverkehr (§ 6) auch Schuldner der Abgabe.

Erfolgt die Beförderung auf Grund veröffentlichter Tarife, so ist die Abgabe in diese einzurechnen. Der Bundesrat kann Ausnahmen zulassen.

Zum § 7

vgl. im allgemeinen die Ausführungen auf S. 17 ff.

Der Betriebsunternehmer vertritt den Steuerschuldner der Steuerbehörde gegenüber kraft Gesetzes in der Zahlung. Obwohl dem Rechtsgrund nach öffentlichen Rechts, ist das Verhältnis zwischen Betriebsunternehmer und Steuerschuldner bürgerlich rechtlicher Natur, sofern dies auch für den Beförderungsvertrag gilt (§ 10). Danach stellt sich im Verhältnis des Betriebsunternehmers zum Steuerpflichtigen die Abgabe als ein Zuschlag zum Beförderungspreise dar. Unter diesem Gesichtspunkt entspricht es der Zweckmäßigkeit, die Einrechnung der Abgabe in diesen wenigstens insoweit vorzuschreiben, als die Beförderung auf Grund veröffentlichter Tarife erfolgt. Eine ähnliche Bestimmung findet sich bereits jetzt für den Fahrkartenstempel in § 55, Abs. 2 des Reichsstempelgesetzes. Im Güterverkehre wird mit der Einrechnung indessen vor allem, was den internationalen Verkehr anlangt, nur allmählich vorgegangen werden können. § 7, Abs. 2, Satz 2 läßt daher für den Bundesrat die Möglichkeit offen, von der Verpflichtung zur Einrechnung der Abgabe in den Beförderungspreis Ausnahmen zuzulassen.

§ 8. Ist der Betriebsunternehmer in der Gestaltung der Tarife durch Vereinbarungen mit einem Dritten gebunden, so stehen diese Vereinbarungen solchen Tarifänderungen nicht entgegen, die zur Deckung der Abgaben bestimmt und nach Lage der gesamten Verhältnisse als angemessen zu erachten sind.

Kommt zwischen den an der Vereinbarung Beteiligten eine Verständigung über die Tarifänderungen nicht zustande, so entscheidet über deren Art und Maß endgültig ein Schiedsgericht.

Das Schiedsgericht wird aus drei Schiedsrichtern gebildet, von denen je einer von jeder Partei ernannt, der dritte als Obmann von beiden Parteien gewählt wird. Stehen dem Betriebsunternehmer mehrere Vertragsbeteiligte gegenüber und einigen diese sich nicht über die Wahl des Schiedsrichters, so entscheidet unter ihnen die Mehrheit, bei Stimmengleichheit das Los.

Der Betriebsunternehmer hat der anderen Partei den Schiedsrichter schriftlich mit der Aufforderung zu bezeichnen, binnen einer einwöchigen Frist ihrerseits ein gleiches zu tun. Nach fruchtlosem Ablauf der Frist wird auf seinen Antrag der Schiedsrichter von der Aufsichtsbehörde für das Betriebsunternehmen ernannt. Besteht eine Aufsichtsbehörde nicht, so erfolgt die Ernennung durch die für das Betriebsunternehmen zuständige obere Verwaltungsbehörde.

Die vorstehenden Vorschriften finden auch Anwendung, wenn sich die Parteien über die Wahl des Obmanns nicht einigen.

Zum § 8.

Verschiedentlich bestehen Vereinbarungen über die Tarife zwischen dem Betriebsunternehmer und Dritten. Das gilt insbesondere von den Vereinbarungen, die zwischen den Straßenbahnen und den Gemeinden bestehen, in deren Gebiete die Bahn betrieben wird. Da die Abgabe nicht den Unternehmer, sondern denjenigen treffen soll, der den Beförderungspreis zahlt, anderseits die Abgabe grundsätzlich in diesen eingerechnet werden soll, muß dem Unternehmer durch das Gesetz die Möglichkeit gegeben werden, trotz bestehender Verträge die Tarife in einem dem Hinzutritt der Abgabe zum Tarif entsprechenden Maße zu ändern.

Hierbei wird dem Unternehmer in der Umgestaltung der Tarife ein den Bedürfnissen des Verkehrs und des Betriebs gerecht werdender Spielraum einzuräumen sein. Gerade im Straßenbahnbetriebe mit seinen niedrigen Beförderungssätzen verbietet sich ein automatisches Hinzuschlagen des Abgabebetrags zu den Beförderungspreisen schon wegen der bestehenden Abrundungsschwierigkeiten. Der Unternehmer wird auch in die Lage gesetzt werden müssen, Tarifverschiebungen durch Änderung der Tarifzonen oder dadurch, daß er Fahrpreisherabsetzungen auf der einen Seite durch Fahrpreiserhöhungen auf der anderen Seite ausgleicht (siehe oben S. 11 ff.) vorzunehmen. Dagegen kann die Ermächtigung des Unternehmers, einseitig Tarifänderungen aus Anlaß des vorliegenden Gesetzes vorzunehmen, nicht so weit gehen, um auch Änderungen zu gestatten, an denen er sich für sonstige Steigerungen der Betriebsunkosten zu erholen beabsichtigt.

Über Art und Maß der Änderungen werden sich die an der Vereinbarung beteiligten Parteien zu einigen haben. Für den Fall, daß eine Einigung nicht zustande kommt, erscheint es nicht angezeigt, die Parteien auf den Rechtsweg zu verweisen, da es sich bei der Vereinbarung nicht so sehr um Fragen des Rechts, als der Zweckmäßigkeit handelt. Der Entwurf verweist daher die Parteien zum Austrag ihrer Streitigkeiten an ein Schiedsgericht, dessen Bildung er des näheren ordnet.

§ 9. Unterliegen die Tarife obrigkeitlicher Festsetzung oder Genehmigung oder sind obrigkeitliche Höchstpreise festgesetzt, so sind die Tarife und Höchstpreise, sofern die Abgabe in den Beförderungspreis eingerechnet wird, auf Antrag des Unternehmers insoweit zu ändern, als dies nach Lage der gesamten Verhältnisse als angemessen zu erachten ist.

Zum § 9.

§ 9 regelt die Zulässigkeit von Tarifänderungen (vgl. § 8) für den Fall, daß die Tarife, sei es allgemein, sei es den Höchstbeträgen nach, obrigkeitlicher Feststellung oder Genehmigung unterliegen.

§ 10. Im Verhältnis zwischen dem Betriebsunternehmer und den Personen, die nach § 7 Abs. 1 Schuldner der Abgabe sind, gilt die Abgabe als Teil des Beförderungspreises, insbesondere hinsichtlich der Einziehung, der Geltendmachung im Rechtsweg, des gesetzlichen Pfandrechts und der Erstattung bei nachträglicher Änderung der Frachtberechnung.

Für Ansprüche, die dem Unternehmer wegen der Zahlung nachgeforderter Abgabebeträge gegen den Schuldner der Abgabe zustehen, beginnt die Verjährung mit dem Ablauf des Tages, an dem die Nachzahlung erfolgt ist.

Zum § 10.

Durch § 10 ist den Ansprüchen, die der Betriebsunternehmer gegen den Schuldner der Abgabe daraus herleitet, daß er zu dessen Lasten die Abgabe entrichtet oder zu entrichten hat, die rechtliche Natur des Beförderungspreises beigelegt. Auf diese Weise erscheint die Wiedereinziehung der Abgabe am besten sichergestellt und dem Betriebsunternehmer die Möglichkeit gegeben, die Abgabeneinziehung auf die zweckmäßigste Art und zu dem zweckmäßigsten Zeitpunkt vorzunehmen. Es wird auch nur auf diesem Wege dem Betriebsunternehmer ohne Weiterungen möglich sein, die Abgabe von einem im Ausland befindlichen Schuldner wieder einzuziehen. Eine Ausnahme davon, daß die Abgabe den Regeln für den Beförderungspreis folgt, ist in Abs. 2 nur hinsichtlich der Verjährung vorgesehen, um zu verhüten, daß infolge der kurzfristigen Verjährung der Ansprüche aus dem Beförderungsvertrage (BGB. § 196 Nr. 3) der Betriebsunternehmer im Falle von Nachforderungen innerhalb der für ihn bestehenden fünfjährigen Verjährungsfrist (§ 19 des Entwurfs) seines Rückgriffs gegen den Abgabenschuldner verlustig geht.

§ 11. Bei der Personenbeförderung beträgt die Abgabe

in der 1. Fahrklasse	....	16 vom	Hundert
„ „ 2. „	....	14 „	„
„ „ 3. „	....	12 „	„
„ „ 4. (3b) „	....	10 „	„

des Beförderungspreises.

Werden für die beschleunigte Beförderung besondere Zuschlagkarten ausgegeben, so beträgt die Abgabe für die Zuschlagkarten der 1. und 2. Klasse 15 vom Hundert und für solche der 3. Klasse 12 vom Hundert des Preises.

Bestehen bei einem Unternehmen weniger als vier Klassen, so bestimmt die für das Unternehmen zuständige Landesregierung im Einverständnisse mit dem Reichskanzler, bei Unternehmungen, die ihren Sitz im Ausland haben, der Bundesrat, welcher Abgabesatz für die einzelnen Klassen anzuwenden ist. Ist bei einem Unternehmen nur eine Klasse vorhanden, so wird der Abgabesatz der 3. Klasse erhoben. Das gleiche gilt, wenn der Beförderungspreis ohne Berücksichtigung von Klassen berechnet wird.

Im Gepäckverkehre beträgt die Abgabe 12 vom Hundert des Beförderungspreises.

Im Straßenbahnverkehr, in dem den örtlichen Bedürfnissen dienenden Schiffsverkehre sowie in dem im § 1 Abs. 2 bezeichneten Verkehr ermäßigt sich die Abgabe von der Personenbeförderung auf 6 vom Hundert des Beförderungspreises. Ob eine Bahn als Straßenbahn anzusehen ist oder ob ein Schiffsverkehr örtlichen Bedürfnissen dient, bestimmt im Zweifel der Bundesrat.

§ 12. Bei der Güterbeförderung beträgt die Abgabe 7 vom Hundert des Beförderungspreises.

Zu den §§ 11, 12

vgl. im allgemeinen Seite 9 ff., 14 ff.

Zu § 11 Abs. 2. Da im Eisenbahnverkehre für die 1. und 2. Klasse einheitliche Schnellzugszuschlagkarten ausgegeben werden, war es erforderlich, für diese einen besonderen Abgabensatz vorzusehen. Als solcher ist der Durchschnitt der Steuersätze der 1. und 2. Klasse angenommen worden. Soweit der Schnellzugszuschlag in den Fahrkartenpreis eingerechnet ist, ist jedoch der für die betreffende Fahrklasse maßgebende Steuersatz anzuwenden.

Zu § 11 Abs. 3. Welche Fahrklassen den im Abs. 1 aufgeführten Fahrklassen in den Fällen entsprechen, in denen bei dem Unternehmen weniger als 4 Klassen bestehen, wird sich im Gesetze bei der Verschiedenheit der Verhältnisse nicht erschöpfend regeln lassen und die Bestimmung hierüber dem Bundesrate zu überlassen sein. Für den Dampfschiffsverkehr mit nur 2 Klassen wird im allgemeinen die 1. Klasse der Fahrklasse 2 und die 2. Klasse der Fahrklasse 3 im Sinne des § 11 Abs. 1 gleichzustellen sein.

Zu § 11 Abs. 4. Im Eisenbahnverkehr ist nach dem Frachturkundenstempelgesetze die Beförderung gewisser Güter wegen ihres Zusammenhanges mit der Personenbeförderung vom Frachturkundenstempel befreit geblieben, so insbesondere die Beförderung von Hunden, die von Reisenden mitgeführt werden, die Beförderung von Fahrrädern auf Gepäckschein oder Fahrradkarte, sowie die Beförderung solcher Fahrzeuge, die im Packwagen auf Gepäckschein abgefertigt werden. Es erscheint daher gerechtfertigt, auch für diese Beförderungen die höhere Abgabe von 12 v. H. gelten zu lassen. Ob Gepäck im Sinne des Gesetzes vorliegt, soll sich somit nicht danach bestimmen, ob die Beförderung durch den Personen- und Gepäcktarif oder den Gütertarif geregelt ist, sondern danach, ob die Beförderung bereits durch den Frachtbriefstempel belastet ist oder nicht.

Zum § 12

vgl. im allgemeinen das oben Seite 14 Gesagte. Für den Eisenbahnverkehr wird der Begriff des Gutes in derselben Weise abzugrenzen sein wie beim Frachturkundenstempel. Hiernach fallen insbesondere unter die Besteuerung dieses Paragraphen auch die Beförderungen von Fahrzeugen, für die Kilometerfracht für die Achse oder den Wagen berechnet wird, die Beförderungen von lebenden Tieren und von Expreßgut.

§ 13. Wird demjenigen, der den Beförderungspreis zu zahlen hat, die Abgabe vom Betriebsunternehmer nicht besonders berechnet, so sind die Abgabesätze der §§ 11, 12 von einem Betrage zu entrichten, der zusammen mit der aus ihm errechneten Abgabe den an den Unternehmer zu zahlenden Betrag ergibt.

Zum § 13.

§ 13 trifft eine ähnliche Vorschrift, wie sie Spalte 4 der Tarifnummer 5 des Reichsstempelgesetzes für die Berechnung des Lotteriestempels gibt. Diese Vorschrift enthält einmal die Rechtsvermutung, daß die Abgabe in den tarifmäßigen Preis eingerechnet ist, und das ist von Wichtigkeit für den Fall, daß der Betriebsunternehmer nach dem Inkrafttreten des Gesetzes seine Tarife nicht erhöht, gleichwohl aber auch demjenigen, der den Beförderungspreis zu entrichten hat, die Abgabe nicht in Rechnung stellt. Sodann gibt die Vorschrift eine Anweisung, wie die Abgabe unter der Voraussetzung zu berechnen ist, daß die Abgabe in den Tarif eingerechnet ist. Die Berechnung erfolgt danach nach der Formel $P = x + \frac{px}{100}$ oder $x = \frac{P}{1 + \frac{p}{100}}$, wobei P den tarifmäßigen Preis, p den Abgabensatz, x den der Steuerpflicht unterliegenden Betrag bedeutet. Bei einem tarifmäßigen Fahrpreis von 560 Pf. und einem Abgabesatz von 12 v. H. würde mithin die Abgabe nach der Formel $x = \frac{560}{1 + \frac{12}{100}}$ von einem Betrage von 500 Pf. zu erheben sein.

§ 14. Die Verwaltungen der vom Reiche oder von einem Bundesstaate betriebenen Beförderungsunternehmungen haben der zuständigen Steuerstelle in vom Bundesrate zu bestimmenden Zeitabschnitten Verkehrsnachweisungen nebst den für die Abgabeberechnung erforderlichen Angaben einzureichen.

Auf Grund dieser Nachweisungen wird der zu entrichtende Gesamtabgabebetrag von der Steuerstelle festgesetzt und eingezogen. Der Bundesrat kann abweichende Bestimmungen treffen.

Zum § 14.

Ein Abrechnungsverfahren, wie es hier vorgeschrieben ist, besteht nach § 53 des Reichsstempelgesetzes schon jetzt für die Entrichtung des Personenfahrkartenstempels. Es wird künftig auch für den Güterverkehr zu gelten haben. Durch Abs. 2 Satz 2 soll dem Bundesrate die Möglichkeit offengehalten werden, zu bestimmen, daß die aus einem staatlichen Betrieb abzuführende Abgabe nicht erst an die Steuerstelle gezahlt, sondern daß über die Abgabe von der Landeshauptkasse mit der Reichskasse unmittelbar abgerechnet wird, wie dies nach § 41 des Reichsstempelgesetzes für die durch Verwaltungen der Staatslotterien eingezogene Lotteriestempelabgabe schon jetzt in gleicher Weise vorgeschrieben ist.

§ 15. Der Bundesrat ist befugt, unter Anordnung der erforderlichen Verwaltungsmaßregeln zu bestimmen, daß die Abgaben auch von anderen Beförderungsunternehmungen gemäß § 14 entrichtet werden, sofern der Betriebsunternehmer im Inland eine Niederlassung besitzt oder einen im Inland wohnhaften Vertreter bestellt. Dem Vorsteher der inländischen Niederlassung und dem nach Satz 1 bestellten Vertreter liegen dieselben Verpflichtungen ob, die durch dieses Gesetz und die zu seiner Ausführung erlassenen Vorschriften dem Betriebsunternehmer auferlegt sind.

Zum § 15.

Die geschäftlichen Einrichtungen der dem öffentlichen Personen- und Güterverkehre dienenden nichtstaatlichen Beförderungsunternehmungen und der Privatbetriebe, die Güter auf eigenen Bahnen oder in eigenen Schiffen befördern, werden es der Regel nach zulässig erscheinen lassen, über die von ihnen zu entrichtenden Abgaben mit der Steuerstelle auf Grund periodischer Nachweisungen abzurechnen, wie dies nach § 14 für Reichs- und Staatsbetriebe vorgesehen ist. Bei Zulassung eines solchen Verfahrens wird insbesondere im Seeverkehr auch die Anwendung der Befreiungsvorschrift des § 3 Abs. 1 Nr. 3 keinen Schwierigkeiten begegnen können. Für die erwähnten Privatbetriebe wird als Grundlage für die Abrechnung die Führung von Anschreibungen über die Güterbewegung vorzuschreiben sein, wie dies auch im § 18 Satz 2 für die nicht zum Abrechnungsverfahren zugelassenen Betriebe vorgesehen ist. Gegenstand besonderer Verwaltungsanordnung wird es im Binnenschiffsverkehre sein, vorzuschreiben, in welcher Weise der Steuerstelle des Ortes, an dem die Löschung der Ladung oder über den die Ausfuhr erfolgt, der Nachweis zu führen ist, daß es sich um die Verschiffung von Gütern handelt, hinsichtlich deren die Abgabe im Abrechnungswege entrichtet wird.

§ 16. Soweit die Abgabe im Personenverkehre nicht nach §§ 14, 15 entrichtet wird, darf die Beförderung der Personen nur gegen Erteilung von Fahrausweisen erfolgen. Aus den Fahrausweisen muß der um die Abgabe erhöhte Beförderungspreis ersichtlich sein.

Die Abgabe ist für die auszugebenden Fahrausweise im voraus zu entrichten. Die Verpflichtung zur Entrichtung der Abgabe wird erfüllt durch Zahlung des Abgabebetrags an die zuständige Steuerstelle gegen Abstempelung der vorzulegenden Fahrausweise.

Der Bundesrat kann unter Anordnung der erforderlichen Verwaltungsmaßregeln bestimmen, daß eine Abstempelung der Fahrausweise ohne vorgängige Abgabenentrichtung bewirkt sowie, daß von einer Abstempelung abgesehen wird und die Entrichtung der Abgabe erst nach Veräußerung der Fahrausweise erfolgt.

Zum § 16.

Für den Fall, daß ein Personenbeförderungsunternehmen nicht zum Abrechnungsverfahren (§ 15) zugelassen ist, schreibt § 16 einen Zwang zur Ausstellung von Fahrkarten und deren Versteuerung in gleicher Weise vor, wie dies bisher nach §§ 54, 55 des Reichsstempelgesetzes für den Fahrkartenstempel geregelt war.

§ 17. Soweit die Abgaben im öffentlichen Güterverkehre nicht nach §§ 14, 15 entrichtet werden, darf die Beförderung der Güter nur dann erfolgen, wenn eine Frachturkunde über die Beförderung ausgestellt wird, die Ablieferung von Gütern, die vom Ausland nach dem Inland befördert sind, nur dann, wenn eine Frachturkunde über die Beförderung ausgehändigt wird. Auf Güter, die nach § 3 von der Abgabe befreit sind, finden diese Vorschriften keine Anwendung.

Güter, die im Inland auszuhändigen sind, sind der für den Ort der Aushändigung zuständigen Steuerstelle spätestens vor der Aushändigung, Güter, die nach dem Ausland bestimmt sind, im Binnenschiffs- und Landverkehre der dem Grenzausgangspunkte nächstgelegenen Steuerstelle spätestens vor deren Überschreitung, im Seeverkehre der für den Ausfuhrhafen zuständigen Steuerstelle spätestens vor der Ausfahrt zur Versteuerung schriftlich anzumelden. Der Bundesrat bestimmt, ob und unter welchen Voraussetzungen die Anmeldung bei einer anderen Steuerstelle und zu einem anderen Zeitpunkt erfolgen kann.

Die Anmeldung hat die beförderten Güter und den Beförderungspreis anzugeben. Mit der Anmeldung sind die Frachturkunden, sofern sie die Sendung begleiten, andernfalls Abschriften der Frachturkunden vorzulegen.

Die Abgabe ist mit der Anmeldung gleichzeitig einzuzahlen. Der Bundesrat kann andere Fristen für die Einzahlung bestimmen.

Zum § 17.

§ 17 regelt das Erhebungsverfahren im öffentlichen Güterverkehre für den Fall, daß der Betriebsunternehmer nicht nach §§ 14, 15 zum Abrechnungsverfahren zugelassen ist, die Erhebung der Abgabe sich also an die Ausführung des einzelnen Beförderungsakts anzuschließen hat. Die Entrichtung der Abgabe soll auf Grund einer schriftlichen Anmeldung der geladenen Waren durch bare Einzahlung der Abgabe bei den Steuerstellen erfolgen. Als Unterlage für die Anmeldung haben die Frachturkunden oder Abschriften von diesen zu dienen. Zu der Ausstellung solcher Urkunden soll daher nach § 17 Abs. 1 ein Zwang bestehen. Eine Belästigung für den Verkehr wird dieser Urkundenzwang nicht bedeuten, da die Ausstellung solcher Urkunden schon jetzt die Regel ist und die Beförderung in kleinen Schiffsgefäßen, bei der etwa eine Bezettelung nicht üblich sein sollte, nach § 3 Abs. 1 Nr. 4 von der Abgabe überhaupt befreit ist. Bei Gütern, die im Inland auszuhändigen sind, ist die Abgabe spätestens vor der Aushändigung zu entrichten. Sie kann also bei Gütern, die im Inland verfrachtet werden, nach näherer Bestimmung des Bundesrats auch bereits bei der Verladung entrichtet werden, falls dies dem Unternehmer bequemer ist. In diesem Falle wird die Erfüllung der Steuerpflicht der Steuerstelle des Ausladeorts nachzuweisen sein. Bei ausgehenden Gütern ist die Abgabe spätestens vor der Ausfuhr zu entrichten. Um den Verkehrsverhältnissen gerecht zu werden, soll der Bundesrat eine andere Regelung der Abgabeentrichtung, soweit die Wahl der Steuerstelle und der Zeitpunkt der Anmeldung und Abgabezahlung in Betracht kommt, gestatten können.

§ 18. Soweit die Abgabe im nichtöffentlichen Verkehre nicht nach § 15 entrichtet wird, sind die beförderten Güter nach näherer Bestimmung des Bundesrats der für das Betriebsunternehmen örtlich zuständigen Steuerstelle binnen vierzehn Tagen nach Ausführung der Beförderung schriftlich unter Einzahlung der Abgabe anzumelden. Der Unternehmer ist verpflichtet, nach näherer Anordnung der Oberbehörde (§ 21) zum Zwecke der Steuerberechnung Anschreibungen zu führen und zur Einsichtnahme durch die Steueraufsichtsbeamten jederzeit bereitzuhalten.

§ 19. Der Anspruch auf Entrichtung der nach diesem Gesetze fälligen Abgaben verjährt in fünf Jahren. Die Verjährung beginnt mit dem Schlusse des Jahres, in dem die Abgabe fällig wird.

Zum § 19

vgl. auch § 10 Abs. 2.

§ 20. In Beziehung auf die Verpflichtung zur Entrichtung der in diesem Gesetze festgesetzten Abgaben ist der Rechtsweg zulässig. Die Klage ist bei Verlust des Klagerechts binnen sechs Monaten nach erfolgter Beitreibung oder mit Vorbehalt geleisteter Zahlung zu erheben. Für die Berechnung dieser Frist sind die Vorschriften der Zivilprozeßordnung maßgebend. Zuständig sind ohne Rücksicht auf den Wert des Streitgegenstandes die Landgerichte. Soweit bei diesen Kammern für Handelssachen bestehen, gehört der Rechtsstreit vor letztere. Die Revision geht an das Reichsgericht.

Die auf Grund rechtskräftiger Entscheidung zu erstattenden Steuern sind mit fünf vom Hundert für das Jahr zu verzinsen.

Zum § 20.

§ 20 regelt den Austrag von Streitigkeiten im Rechtsweg zwischen der Steuerverwaltung und dem Beförderungsunternehmer hinsichtlich der Abgabeentrichtung. Die Vorschriften entsprechen denjenigen des § 110 des Reichsstempelgesetzes mit der sich aus Art. I Nr. 2 des Reichsgesetzes vom 22. Mai 1910 (Reichs-Gesetzbl. S. 767) ergebenden Änderung. Die Art der Geltendmachung der gegenseitigen Ansprüche zwischen Betriebsunternehmer und Abgabeschuldner hinsichtlich der Zahlung der Abgabe ergibt sich aus § 10 Abs. 1.

§ 21. Die Erhebung und Verwaltung der nach diesem Gesetze zu entrichtenden Abgaben wird, soweit sich nicht aus § 14 Abs. 2 Satz 2 etwas anderes ergibt, durch die von der Landesregierung hierzu bestimmten Steuerstellen geführt. Diese unterstehen anderen, gleichfalls von der Landesregierung zu bestimmenden Behörden (Oberbehörden) und letztere der obersten Landesfinanzbehörde.

Soweit sich Hafenanlagen und Schiffsanlegeplätze in der Verwaltung von Gemeinden oder Gemeindeverbänden befinden, kann die Landesregierung auch die Gemeindebehörden gegen eine deren Aufwendungen deckende Vergütung zu Steuerstellen bestimmen.

Zum § 21 Abs. 2.

Als Erhebungsbehörden werden im Schiffsverkehre zweckmäßig die gleichen Behörden zu bestimmen sein, denen auch die Erhebung der Schiffahrtsabgabe und der Hafengelder obliegt.

Soweit diese Behörden Gemeindebehörden sind, ist im § 21 die gesetzliche Ermächtigung für die Landesregierung ausgesprochen, auch diesen Behörden die Erhebung der Abgabe gegen eine ihren dienstlichen Aufwand deckende Vergütung zu übertragen, die der Bundesstaat aus der ihm nach § 30 zu gewährenden Verwaltungskostenvergütung zu bestreiten haben wird.

§ 22. Die nicht vom Reiche oder von einem Bundesstaate betriebenen Beförderungsunternehmungen unterliegen der Prüfung in bezug auf die Abgabenentrichtung nach diesem Gesetze.

Den Prüfungsbeamten sind alle für die Prüfung in Betracht kommenden Schriftstücke und auf Verlangen auch die Handelsbücher zur Einsicht vorzulegen.

Von anderen Personen kann die Oberbehörde die Einreichung der auf bestimmt zu bezeichnende Rechtsvorgänge bezüglichen Schriftstücke verlangen.

Zu den §§ 22 bis 28.

Die Vorschriften über die Ausübung des Prüfungsverfahrens bei den steuerpflichtigen Betrieben und über die Reichsaufsicht sowie die Strafvorschriften über das Strafverfahren sind im wesentlichen den Vorschriften des Reichsstempelgesetzes nachgebildet.

Soweit das Zusammentreffen von Hinterziehungen von Personengeldern der Post (Reichs-Postgesetz §§ 27 bis 29) mit einer Hinterziehung der Abgabe im Personenverkehr der Post möglich ist, greifen die allgemeinen gesetzlichen Vorschriften Platz.

§ 23. Die Reichsbevollmächtigten für Zölle und Steuern und die ihnen unterstellten Aufsichtsbeamten haben in bezug auf die Ausführung dieses Gesetzes dieselben Rechte und Pflichten wie bezüglich der Erhebung und der Verwaltung der Zölle.

In denjenigen Staaten, in welchen die bezeichneten Geschäfte anderen Behörden als den Zollbehörden übertragen sind, werden der Umfang und die Art der Tätigkeit der Reichsaufsichtsbeamten vom Reichskanzler im Einvernehmen mit der beteiligten Landesregierung geregelt.

Unter Zustimmung des Bundesrats kann der Reichskanzler die Wahrnehmung der Geschäfte der Reichsaufsichtsbeamten, soweit die Ausführung dieses Gesetzes in Betracht kommt, anderen Beamten übertragen.

§ 24. Wer es unternimmt, dem Reiche die in diesem Gesetze festgesetzten Abgaben vorzuenthalten, macht sich der Hinterziehung schuldig.

Der Tatbestand der Hinterziehung wird insbesondere als vorliegend angenommen:

1. wenn in den Fällen des § 16 Personen ohne die Erteilung von Fahrausweisen befördert oder wenn Fahrausweise, welche der Abstempelung nach § 16 Abs. 2 unterliegen, aber nicht mit den vorgeschriebenen Stempelzeichen versehen sind, veräußert werden;
2. wenn die in den §§ 17, 18 vorgeschriebenen Anmeldungen nicht oder nicht rechtzeitig oder unrichtig erfolgen.

Die Hinterziehung der Abgabe wird mit einer Geldstrafe belegt, welche dem vierfachen Betrage der Abgabe gleichkommt, mindestens aber zwanzig Mark für jeden einzelnen Fall beträgt. Die Abgabe ist unabhängig von der Bestrafung nachzuzahlen.

Kann der Betrag der hinterzogenen Abgabe nicht festgestellt werden, so tritt statt der im Abs. 3 vorgesehenen Strafe eine Geldstrafe von zwanzig bis fünftausend Mark ein.

Im Falle der Wiederholung der Hinterziehung nach vorausgegangener Bestrafung wird die im Abs. 3 vorgesehene Strafe verdoppelt. Die Rückfallstrafe tritt ein, auch wenn die frühere Strafe nur teilweise verbüßt oder ganz oder teilweise erlassen worden ist; sie bleibt ausgeschlossen, wenn seit der Verbüßung oder dem Erlasse der früheren Strafe bis zur Begehung der neuen Straftat drei Jahre verflossen sind.

§ 25. Zuwiderhandlungen gegen die Vorschriften dieses Gesetzes oder gegen die zu dessen Ausführung erlassenen Bestimmungen, die nicht unter § 24 fallen, ziehen eine Ordnungsstrafe bis zu einhundertfünfzig Mark nach sich.

Dieselbe Strafe tritt ein, wenn in den Fällen des § 24 aus den Umständen sich ergibt, daß eine Abgabenhinterziehung nicht hat verübt werden können oder nicht beabsichtigt worden ist.

§ 26. Die auf Grund dieses Gesetzes zu verhängenden Strafen sind bei Genossenschaften und Aktiengesellschaften gegen die Vorstandsmitglieder, bei Kommanditgesellschaften gegen die persönlich haftenden Gesellschafter, bei Gesellschaften mit beschränkter Haftung gegen die Geschäftsführer, bei offenen Handelsgesellschaften gegen die Gesellschafter nur im einmaligen Betrage, jedoch unter Haftbarkeit jedes einzelnen als Gesamtschuldner festzusetzen.

Auf die Verhängung der im § 24 Abs. 5 vorgeschriebenen Rückfallstrafe finden diese Bestimmungen keine Anwendung.

4*

§ 27. Auf das Verwaltungsstrafverfahren bei Zuwiderhandlungen gegen dieses Gesetz, die Strafmilderung und den Erlaß der Strafe im Gnadenwege, die Vollstreckung der Strafe sowie die Verjährung der Strafverfolgung finden die Vorschriften der §§ 23, 24 des Wechselstempelgesetzes vom 15. Juli 1909 sinngemäße Anwendung. Die auf Grund des gegenwärtigen Gesetzes erkannten Geldstrafen fallen dem Fiskus desjenigen Staates zu, von dessen Behörden die Strafentscheidung erlassen ist. Ist der Betrag der hinterzogenen oder vorenthaltenen Abgabe nicht zu ermitteln, so ist von dem Betrage der Geldstrafe der fünfte Teil an Stelle des nichtermittelten Abgabebetrags an die Reichskasse abzuführen.

Ein im Strafverfahren eingegangener Geldbetrag ist im Verhältnis zur Reichskasse zunächst auf die Abgabe zu verrechnen.

§ 28. Die Umwandlung einer Geldstrafe, zu deren Zahlung der Verpflichtete unvermögend ist, in eine Freiheitsstrafe findet nicht statt.

§ 29. Die Verträge über die Beförderung von Personen oder Gütern und die über solche Verträge ausgestellten Urkunden unterliegen in den einzelnen Bundesstaaten keiner weiteren Abgabe.

§ 30. Jedem Bundesstaate wird von der aus diesem Gesetz innerhalb seines Gebiets jährlich aufkommenden Einnahme nach näherer Bestimmung des Bundesrats der Betrag von zwei vom Hundert aus der Reichskasse gewährt.

§ 31. Die näheren Bestimmungen über Berechnung, Erhebung und Abführung der Steuer erläßt der Bundesrat. Er kann zulassen, daß eine Abrechnung über die einzelnen Steuerbeträge unterbleibt. Er kann ferner bestimmen, daß und unter welchen Voraussetzungen in besonderen Fällen, in denen die Feststellung der Abgabebeträge mit unverhältnismäßigen Schwierigkeiten und Kosten verbunden sein würde, die Berechnung und Abführung der Abgaben im Wege der Abfindung zulässig ist.

Zum § 31.

Zu den vom Bundesrat erlassenen Anordnungen über die Abgabenberechnung wird insbesondere auch die Bestimmung über die Art der Abrundung der Steuerbeträge, zu den Anordnungen über die Erhebung der Abgabe auch die Regelung des Erstattungsverfahrens gehören. Die Vorschrift des Satz 2, wonach der Bundesrat gestatten kann, daß von einer Abrechnung über die einzelnen Steuerbeträge abgesehen wird, wird insbesondere auch eine einfachere Abwicklung des Versteuerungsgeschäfts im Kleinbahnverkehre gestatten. Das Bedürfnis, eine Pauschalierung der Steuer zuzulassen, ergibt sich insbesondere für solche Fälle, in denen ein unter das Gesetz fallender Verkehr zwischen auf deutschem Gebiete liegenden Stationen ausländischer Betriebsverwaltungen stattfindet. Auch wird sich ein Pauschalverfahren unter Umständen in den Fällen des § 6 empfehlen.

§ 32. Die Abgabe von der Güterbeförderung wird neben dem Frachturkundenstempel (Abschnitt V und Tarifnummer 6 des Reichsstempelgesetzes) erhoben.

Die Nr. 6 d Spalte 2, 3 des Tarifs zum Reichsstempelgesetz erhält im Abs. 1 folgende Fassung:

d) Frachturkunden im Eisenbahnverkehr über

1. Frachtstückgut und Expreßgut	—	Mark 15	Pfennig,
2. Eilstückgut	—	„ 30	„
3. Frachtgut in Wagenladungen			
bei einem Frachtbetrage von nicht mehr als 25 Mark	1	„ 50	„
bei höheren Beträgen	3	„ —	„
4. Eilgut in Wagenladungen			
bei einem Frachtbetrage von nicht mehr als 25 Mark	3	„ —	„
bei höheren Beträgen	6	„ —	„

Bei der Beförderung von Steinkohlen, Braunkohlen, Koks und Preßkohlen aller Art erhöhen sich die Sätze in Ziffer 3 von 1 Mark 50 Pfennig und 3 Mark auf 2 Mark und 4 Mark. Sind diese Güter von der Eisenbahn auf den Wasserweg und dann wieder vom Wasserweg auf die Eisenbahn umgeschlagen worden, so wird für die an den letzteren Umschlag anschließende Eisenbahnbeförderung der Frachturkundenstempel auf Antrag nach näherer Bestimmung des Bundesrats rückvergütet.

Zum § 32.

Zum Abs. 2 vgl. das Seite 9 Gesagte.

§ 33. Soweit Güter für Betriebszwecke einer deutschen Staatsbahnverwaltung bezogen sind, werden die auf Grund dieses Gesetzes eingehobenen Abgaben nach näherer Bestimmung des Bundesrats rückvergütet.

§ 34. Der Zeitpunkt, mit dem dieses Gesetz in Kraft tritt, wird durch Kaiserliche Verordnung mit

Zustimmung des Bundesrats festgesetzt. Der Zeitpunkt des Inkrafttretens kann für die einzelnen Abgabenzweige verschieden bestimmt werden. Ein Unternehmen der im § 11 Abs. 5 bezeichneten Art unterliegt der Abgabepflicht nicht vor dem 1. Juli 1918 und, wenn es vor diesem Zeitpunkt eine Erhöhung seiner Tarife vornimmt, nicht vor dem Tage der Geltung der neuen Tarife.

Mit dem Zeitpunkt des Inkrafttretens der die Besteuerung des Personenverkehrs betreffenden Vorschriften treten die Vorschriften des Reichsstempelgesetzes über den Personenfahrkartenstempel außer Kraft. Für die zu diesem Zeitpunkt in den Händen der Steuerpflichtigen vorhandenen ungebrauchten Stempelmarken und versteuerten, abgestempelten Fahrausweise wird nach näherer Bestimmung des Bundesrats Ersatz des Steuerwerts gewährt.

Inwieweit auf Personenbeförderungen auf Grund von Fahrausweisen, die vor dem Inkrafttreten der neuen Vorschriften gelöst sind und zur Benutzung nach diesem Zeitpunkt berechtigen, die bisherigen Vorschriften Anwendung finden, bestimmt der Bundesrat.

Die Beförderung von Gütern, die vor dem Inkrafttreten der die Besteuerung des Güterverkehrs betreffenden Vorschriften zur Beförderung aufgegeben sind, unterliegt nicht den Vorschriften dieses Gesetzes.

Zum § 34.

Für die Übergangszeit machen sich nähere Bestimmungen über die steuerliche Behandlung der Fälle erforderlich, in denen die Beförderung nach dem Inkrafttreten des Gesetzes beginnt oder endet, der Beförderungsvertrag aber vor diesem Zeitpunkt abgeschlossen, also die Fahrkarte vorher gelöst, das Frachtgut vorher zur Beförderung aufgegeben worden ist.

Für den Güterverkehr soll allgemein vorgeschrieben werden, daß auf die Beförderung von Gütern, die vor dem Inkrafttreten des Gesetzes aufgegeben worden sind, die bisherigen Vorschriften maßgebend sein sollen, da hier nicht zu befürchten ist, daß in größerem Umfang nur wegen der Ersparung der Steuern die Aufgabe von Gütern in die Zeit vor dem Inkrafttreten des Gesetzes gedrängt wird.

Für den Personenverkehr wird man als Regel zwar auch — schon um eine einfache Abrechnung zwischen den Betriebsverwaltungen und der Steuerverwaltung zu ermöglichen — gelten lassen können, daß, wenn die Fahrkarte vor dem Inkrafttreten des Gesetzes gelöst ist, die bisherigen Vorschriften Platz greifen, auch wenn die Beförderung erst nach diesem Zeitpunkt begonnen hat oder beendet worden ist. Es wird aber verhindert werden müssen, daß zur Vermeidung der Steuer noch vor dem Inkrafttreten des Gesetzes Fahrkarten oder Fahrkartenblocks mit einer allzu weit über die Inkraftsetzung des Gesetzes hinausreichenden Geltungsdauer ausgegeben werden. Da die zu berücksichtigenden Verhältnisse sehr verschieden liegen, soll die nähere Anordnung dem Bundesrate vorbehalten bleiben.

Kohlensteuergesetz.

Vom 8. April 1917.

(RGBl. S. 340.)

Amtliche Begründung zu dem Gesetz im allgemeinen.

Während der Kriegszeit ist in der Tages- und in der Fachpresse, in Einzelschriften und in Vorträgen, vielfach auch durch der Reichsleitung unmittelbar zugegangene Anregungen immer wieder auf die Kohle als eine der ergiebigsten und am leichtesten erfaßbaren Steuerquellen hingewiesen worden. Auch der Bergbau rechnet seit längerer Zeit mit einer solchen Steuer; so hat das Rheinisch-Westfälische Kohlensyndikat bereits im Jahre 1915 die Kohlensteuerklausel in seine Verkaufsbedingungen aufgenommen.

Die Reichsleitung hat die Erfassung dieses wichtigsten Produktionsmittels so lange zurückgestellt, als die Finanzlage dies irgend gestattete. Nunmehr zwingt der Bedarf zur Erschließung auch dieser Steuerquelle.

Der deutsche Steinkohlenbergbau umfaßt 350, der Braunkohlenbergbau 465 Betriebe. Die Zahl der Betriebsinhaber ist auf etwa 500, der derzeitige Wert der deutschen Kohlenförderung auf 2 200 bis 2 500 Millionen Mark zu schätzen. Die Kohlensteuer bietet demnach die Möglichkeit, dem Reiche den erforderlichen Betrag von etwa 500 Millionen Mark aus einer einzigen, einfach zu veranlagenden und bei nur etwa 500 Pflichtigen zu erhebenden Steuer zuzuführen. Diesem Vorteil ist während der Kriegszeit ein erhebliches Gewicht beizumessen nicht nur mit Rücksicht auf die Leistungsfähigkeit der Reichs- und Staatsbehörden, sondern auch mit Rücksicht auf die Bevölkerung. Denn die Arbeitskräfte aller Berufsstände sind bereits so angespannt, daß auch die Steuerpolitik dieser Tatsache Rechnung tragen muß.

Bei der Prüfung der wirtschaftlichen Zulässigkeit einer Kohlensteuer in der vorgesehenen Höhe von 20 v. H. ihres Wertes ab Grube mußten die für die Zeit nach dem Kriege zu beobachtenden Rücksichten, vor allem die auf die Wettbewerbsfähigkeit unserer Ausfuhrindustrien, zurückgestellt werden. Denn die Frage, in welchem Umfang für diese Industrien und auch für die Reedereien eine Verteuerung der Kohle erträglich sein wird, läßt sich erst beantworten, wenn die Bedingungen übersehbar sind, unter denen nach dem Kriege einerseits die Auslandsmärkte den deutschen Erzeugnissen offenstehen, andererseits die Industrien des Auslandes selbst arbeiten werden. Diese Frage ist demnach erst nach dem Kriege als ein wichtiger Teil der Neuregelung unserer Wirtschaft zu prüfen.

Die Erhebung einer Kohlensteuer während des Krieges wird vielleicht dem Einwand begegnen, daß die Kohlenpreise seit Kriegsausbruch nicht unerheblich gestiegen sind. Aber jede während des Krieges eingeführte Steuer muß einer geminderten Tragfähigkeit aufgebürdet werden. Hier werden die Bedenken durch die Tatsache wesentlich abgeschwächt, daß Deutschland zurzeit die weitaus billigsten Kohlenpreise der Welt hat. Aus den in den Anlagen gegebenen Übersichten geht hervor, daß die Richtpreise des Rheinisch-Westfälischen Kohlensyndikats seit 1913/14 um durchschnittlich etwa 4,50 ℳ gestiegen sind, während sich die Inlandspreise Englands durchschnittlich verdoppelten. Dieser Steigerung entsprachen die von den Neutralen zu zahlenden Preise. So berichtet The North East Coast Commercial Compendium vom November 1916 über die für Dezember 1916 getätigten Abschlüsse der norwegischen und der dänischen Staatsbahnen, daß erstere für 18 000 t D. C. B. Steam Coal 29 sh 9 d fob, letztere für 6 000 t der gleichen Sorte 30 sh fob zahlten.

Die enorme Höhe der in Frankreich und in Italien herrschenden Preise ist bekannt. Bemerkenswert ist die außerordentliche, seit Ende 1915 einsetzende Steigerung der nordamerikanischen Preise, welche z. B. gute Pennsylvaniakohle frei New Yorker Hafen von 2,80 Doll. Anfang 1915 auf 3,50 Doll. im Dezember 1915 und auf 6,25 bis 7 Doll. im Dezember 1916 hinaufschnellen ließ.

Der vergleichsweise niedrige deutsche Preisstand ist unter anderem der Tatsache zuzuschreiben, daß eine Erhöhung der Inlandspreise nur knapp im Ausmaß der Steigerung der Betriebskosten des Bergbaues zugelassen wurde.

Den Kleinverbrauch, auf den etwa 10 v. H. des gesamten Kohlenverbrauchs entfallen, wird selbst eine so hohe Kohlensteuer, wie sie die Vorlage bringt, nicht drückender belasten als in ihren mittelbaren Wirkungen irgendeine andere Steuer gleichen Ertrags. Vor allem ist bei der Berechnung der Belastung zu berücksichtigen, daß in dem von dem Kleinverbraucher zu zahlenden Preise der auf Fracht- und Abrollungszuschläge entfallende Anteil durchschnittlich den des reinen, ab Grube zu zahlenden Kohlenpreises übersteigt, die durch die Steuer bewirkte Belastung also prozentual erheblich abgeschwächt wird. Als Beispiel mögen die Berliner Kleinhandelspreise für Anfang Februar 1917 dienen: Der Verband der Berliner Kohlen-Großhändler setzte als Richtpreis für Ilse-Briketts frei Haus 18 ℳ je 1000 Stück fest, während sich der Preis ab Werk für den 20 bis 22 000 Stück enthaltenden Waggon auf 155 ℳ stellte. Der der Versteuerung zugrunde zu legende Wert betrug demnach nur 40 bis 43 v. H. des Kleinhandelspreises; die Belastung der Kohle durch eine 20 v. H. betragende Steuer würde sich im vorliegenden Falle für den Kleinhandelspreis auf etwa 8 v. H. abschwächen.

Nach der für das Jahr 1907 von dem Kaiserlichen Statistischen Amte veranstalteten „Erhebung von Wirtschaftsrechnungen minderbemittelter Familien im Deutschen Reiche“ entfielen von der Gesamtausgabe auf Heizung und Beleuchtung bei Familien mit einer Ausgabe von unter 2000 ℳ etwa 5 v. H.

Nach der von dem „Kriegsausschuß für Konsumenteninteressen“ zu Berlin für den April 1916 veranstalteten Erhebung entfielen auf den Kopf der Verbraucher für Feuerung (Holz, Kohlen) und Beleuchtung 3,6 v. H. der Gesamtausgabe (gegenüber 4,98 v. H. für Vergnügen, Sport und Geschenke).

Die Erhöhung des Ausgabenanteils für Heizung usw. um etwa 0,5 v. H. des Gesamtausgabenbetrags kann bei der derzeitigen Finanzlage des Reichs wohl schwerlich als eine übermäßige Belastung bezeichnet werden.

Die Steuer muß zum Ausgleich des Fehlbetrags etwa 500 Millionen Mark erbringen. Es betrugen die deutsche Kohlengewinnung und ihr geschätzter Wert

1913		
Steinkohle	190 109 440 t	2 135 978 000 ℳ
Braunkohle	87 233 084 t	191 920 000 „
1914		
Steinkohle	161 535 000 t	1 776 885 000 ℳ
Braunkohle	83 947 000 t	193 078 200 „
1915		
Steinkohle	146 712 000 t	1 797 222 000 ℳ
Braunkohle	88 370 000 t	220 925 000 „

Der durch die Verarbeitung von Braunkohle zu Preßkohlen erzielte Mehrwert betrug

1913	etwa 51 153 000 ℳ
1914	„ 50 000 000 „
1915	„ 58 000 000 „

Von den vorstehenden Werten kommen für die Besteuerung noch die zur Aufrechterhaltung des Betriebs der Bergwerke und der Aufbereitungsanlagen erforderlichen Kohlen sowie diejenigen Mengen an Braunkohle in Abzug, welche zur Herstellung von Preßkohlen benötigt werden. Der erforderliche Ertrag von annähernd 500 Millionen Mark wird daher bei Bemessung des Steuersatzes auf 20 v. H. des Wertes nur knapp erreicht, selbst wenn man für das Jahr 1917 und die folgenden Jahre mit einer gesteigerten Förderung und höheren Preisen rechnet. Die Einfuhr ist bei der Ertragsberechnung unberücksichtigt geblieben, weil sie unter den derzeitigen Verhältnissen für das finanzielle Ergebnis nicht von Belang sein wird.

Als Form der Besteuerung ist sowohl eine je Tonne geforderte Kohle zu entrichtende feste Abgabe, also eine reine Gewichtssteuer, als auch eine nach dem Werte der Bergwerkserzeugnisse auferlegte Abgabe denkbar. Die letztere Form findet sich bereits in der früheren preußischen, aus dem landrechtlichen Bergwerkszehnten entstandenen Bergwerksabgabe, welche zuletzt 2 v. H. vom Werte der abgesetzten Bergwerksprodukte, zur Zeit ihres Absatzes berechnet, betrug.

Die letzthin in der Öffentlichkeit gegebenen Anregungen gehen vielfach auf den Vorschlag der reinen Gewichtssteuer, der „Förderabgabe", hinaus. Diese Form erscheint aber nur gangbar, so lange die Abgabe sich auf ganz geringe Sätze beschränkt. Denn wie die in den Anlagen beigefügten statistischen Nachweisungen zeigen, besteht zwischen der Förderung der verschiedenen Reviere eine außerordentliche Wertverschiedenheit. So lagen im Jahre 1913 bei der Steinkohle die Durchschnittswerte für die Tonne Jahresgewinnung zwischen 9,08 ℳ (Oberschlesisches Revier) und 13,47 ℳ (Thüringischer Steinkohlenbezirk), bei der Braunkohle zwischen 1,35 ℳ (Oberpfälzer Braunkohlenbezirk) und 6,63 ℳ (Westerwälder Bezirk), während die auch zu den Braunkohlen gerechnete hochwertige Oberbayerische Pechkohle sogar einen Durchschnittspreis von 13,10 ℳ aufwies. Auch die Preise der innerhalb desselben Reviers geförderten Kohlensorten zeigen ganz außerordentliche Verschiedenheiten. Würde man, unter Freilassung des Selbstverbrauchs, nach Maßgabe der Förderziffern des Jahres 1913 den Betrag von rund 500 Millionen Mark durch eine Förderabgabe aufbringen wollen, so würde bei Zugrundelegung des vielfach vorgeschlagenen Belastungsverhältnisses von Steinkohle zu Braunkohle von etwa 3:1 die Förderabgabe für erstere auf 2,50 ℳ, für letztere auf 0,85 ℳ zu bemessen sein. Dies würde einer Wertbelastung entsprechen:

für das Oberschlesische Steinkohlenrevier von durchschnittlich 27,5 v. H.,

für das Thüringer Steinkohlenrevier von durchschnittlich 18,5 v. H.,

für das Oberpfälzer Braunkohlenrevier von durchschnittlich 63,0 v. H.,

für das Westerwälder Braunkohlenrevier von durchschnittlich 13,0 v. H.

Eine derartige Besteuerung würde gegenüber den Bergbaubetrieben der steuerlichen Gerechtigkeit entbehren. Sie würde ferner durch Verschiebung des derzeitigen Wertverhältnisses der verschiedenen Kohlensorten schwere Eingriffe in das gesamte Wirtschaftsleben vollziehen. So sind die großen, vor allem während des Krieges entstandenen elektrochemischen und elektrometallurgischen Industrien auf der derzeitigen Preislage minderwertiger Brennstoffe aufgebaut. Die moderne Elektrizitätsversorgung ist in den letzten Jahren in immer steigendem Maße eine Vergleichsrechnung geworden zwischen den Kosten der Lieferung der aus minderwertigen Brennstoffen an ihrem Fundort gewonnenen Energie durch den Draht und dem im Rohzustand erfolgenden Transport hochwertiger Kohle zum Verbrauchsort. Allen diesen Berechnungen würde der Boden entzogen werden.

Die weitere Ausnutzung minderwertiger Brennstoffe, bisher ein Ziel angestrengten wirtschaftlichen und technischen Strebens, würde gehemmt. Denn die Verwendung solcher Brennstoffe ist stets mit erhöhten Anlagekosten und mit betrieblichen Erschwerungen verknüpft, bietet also nur dann einen Reiz, wenn wesentliche ökonomische Vorteile erreicht werden. Bei der für sie hiernach erzielbaren Preisstellung bewegt sich ihr Abbau bereits jetzt meist an der Grenze der Wirtschaftlichkeit. Jede Besteuerung, welche sie, auf den Marktwert bezogen, prozentual höher als vollwertige Brennstoffe belastet, wirkt in diesem Umfang als Erhöhung der Selbstkosten und verschiebt sehr schnell die Grenze der Abbaufähigkeit nach oben. Die Förderabgabe würde demnach die Wettbewerbsfähigkeit der minderwertigen Braunkohle einschränken und bei der Steinkohle einen starken Anreiz auf die Qualitätsverbesserung der Förderung ausüben, welcher den Bestrebungen nach möglichst sparsamer Ausnutzung der heimischen Bodenschätze entgegenwirken würde.

Die verbündeten Regierungen haben sich aus diesen Gründen entschlossen, eine Besteuerung nach dem Werte in Vorschlag zu bringen.

Für die Ermittlung dieses Wertes konnten nur wirtschaftliche, nicht technische Merkmale in Frage kommen. Denn kein Kohlenvorkommen hat einen Wert an sich; weit mehr noch als durch den Gehalt an Wärmeeinheiten, an flüchtigen Substanzen und ähnliche der Kohle innewohnende Eigenschaften bestimmt sich der Wert eines Vorkommens durch seine Frachtlage gegenüber anderen Revieren. Einen Maßstab für den durch die Steuer zu erfassenden wirtschaftlichen Wert der Kohle bietet daher in erster Linie der Verkaufspreis oder der Vergleich mit den Verkaufspreisen von Kohle gleicher Art und Belegenheit. Die Vorlage geht damit im wesentlichen auf die Grundsätze der alten preußischen Bergwerksabgabe zurück.

Steuertechnisch wird sich die Anwendung dieses Maßstabes einfach gestalten bei der verkauften Kohle. Dies sind bei der Steinkohle etwa 70 v. H., bei der Braunkohle infolge der Einbeziehung der Preßkohle mindestens 90 v. H. der steuerpflichtigen Mengen. Von der nicht verkauften Kohle entfällt der Hauptteil auf den Bedarf der Kokereien und anderer Nebenbetriebe, also auf Bezüge, deren Wert sich zumeist aus den von der betreffenden Grube getätigten Verkäufen von Kohle gleicher Art ohne weiteres ergeben wird. Im übrigen ist beabsichtigt, zu der Veranlagung der Steuer in möglichst weitem Umfang die Landesbergbehörden heranzuziehen, welche eine genaue Kenntnis sowohl der Verhältnisse des Kohlenmarktes als auch der steuerpflichtigen Betriebe besitzen.

I. Abschnitt.

Allgemeine Vorschriften.

§ 1. Die inländische sowie die aus dem Ausland eingeführte Kohle unterliegt einer in die Reichskasse fließenden Abgabe (Kohlensteuer).

§ 2. Im Sinne dieses Gesetzes gelten als Kohle alle Arten nicht aufbereiteter oder aufbereiteter Stein- und Braunkohle, bei Braunkohle auch die aus ihr hergestellten Preßkohlen, bei der Einfuhr aus dem Ausland außerdem Koks sowie die aus Steinkohle hergestellten Preßkohlen.

§ 3. Zur Entrichtung der Steuer ist verpflichtet, wer von ihm im Inland gewonnene Kohle oder aus von ihm gewonnener Braunkohle hergestellte Preßkohlen auf Grund eines Kaufvertrags liefert oder sie sonst abgibt oder sie der Verwendung im eigenen Betrieb oder dem eigenen Verbrauche zuführt.

Zur Entrichtung der Steuer ist ferner verpflichtet, wer von einem anderen im Inland gewonnene Steinkohle aufbereitet oder wer von einem anderen im Inland gewonnene Braunkohle zu Preßkohlen verarbeitet und dann auf Grund eines Kaufvertrags liefert oder sie sonst abgibt oder sie der Verwendung im eigenen Betrieb oder dem eigenen Verbrauche zuführt. Er erhält bei Versteuerung der bei ihm steuerpflichtig gewordenen Kohle die Steuer vergütet, welche für die zur Aufbereitung oder Verarbeitung bezogene Kohle entrichtet worden ist.

Zur Entrichtung der Steuer für aus dem Ausland eingeführte Kohle ist der Empfänger verpflichtet.

Zu §§ 1 bis 3.*)

Die Steuer will die Kohle in demjenigen Zustand erfassen, in dem sie als Verbrauchsgut auf den Markt kommt.

Deshalb soll bei der Steinkohle, sofern dem Verbrauch eine Aufbereitung vorausgeht, die aufbereitete Kohle besteuert werden. Unaufbereitete Steinkohle wird nur besteuert, wenn sie bereits in diesem Zustand geliefert wird, sei es als Verbrauchsgut, sei es, daß sie dem Betriebe eines anderen zur Aufbereitung zugeführt wird. Im letzteren Falle ist die Besteuerung der unaufbereiteten Steinkohle nur eine vorläufige, da die aufbereitete Kohle unter Vergütung der für die unaufbereitete Kohle entrichteten Steuer der endgültigen Versteuerung unterliegt. Man kann aber nicht so weit gehen, die zur Erzeugung von Preßkohlen und von Koks verwendeten Steinkohlen erst in diesen Endprodukten zu besteuern, da die Preßkohle wegen der Beimischung von 7 bis 8 v. H. Bindemitteln nicht mehr als reine Steinkohle angesprochen werden kann, während der Koks nur eines der mehreren bei der Verkokung gewonnenen Erzeugnisse (Koks, Gas, Ammoniak, Teer) bildet. Die aus dem Ausland eingeführten Preßkohlen und Koks müssen der Besteuerung deshalb unterworfen werden, weil die zu ihrer Herstellung verwendete Kohle der Möglichkeit einer Besteuerung entzogen ist.

Die Braunkohle kommt vorwiegend als Preßkohle (Brikett oder Naßpreßstein) auf den Markt. Diese Verarbeitung gibt der Braunkohle fast den doppelten Marktwert, wie ihn die zur Herstellung der Preßkohle erforderlichen Mengen Rohkohle besitzen. Beide Arten der Preßkohle werden ohne fremde Zusätze, lediglich durch Pressung, hergestellt. Es entspricht daher

*) Diese und die weiter abgedruckten Erläuterungen sind der amtlichen Begründung entnommen.

der steuerlichen Gerechtigkeit, diese Verarbeitung ebenso zu behandeln wie bei der Steinkohle die Aufbereitung. Diese Gleichstellung ist auch deshalb geboten, weil die Braunkohle auf den großen Märkten nur in der Form der Preßkohle im Wettbewerbe mit der Steinkohle steht, die Besteuerung lediglich der Rohbraunkohle demnach eine empfindliche Verschiebung der bestehenden Wettbewerbsverhältnisse zur Folge haben würde. Voraussichtlich würde der Vorteil der Bevorzugung im wesentlichen den Fabrikanten von Braunkohlenbriketts durch erhöhte Verkaufspreise zufließen.

Der Einfluß, den die Freilassung der Preßkohle auf die Ertragsfähigkeit der Steuer ausüben würde, ergibt sich aus den im allgemeinen Teil der Begründung gegebenen Ziffern.

Die Erfassung weiterer Braunkohlenprodukte, vor allem des Grudekoks, verbietet sich aus den gleichen Gründen wie die Erfassung des aus Steinkohle gewonnenen Kokses.

Die Verwendung von Kohle im eigenen Betrieb oder die Zuführung zum eigenen Verbrauch ist der Lieferung oder Abgabe an Dritte steuerlich gleichgestellt. Von der Besteuerung wird die Kohle in dem Zustand erfaßt, in dem sie im eigenen Betriebe verbraucht wird. Demgemäß wird z. B. Braunkohle, welche von dem Erzeuger zu Preßkohlen verarbeitet und dann im eigenen Betriebe verbraucht wird, als Preßkohle steuerpflichtig. Jedes andere Verfahren würde zu einer unbilligen Bevorzugung der gemischten Betriebe, vor allem der Hüttenzechen, führen. Doch kommt die Weiterbearbeitung der Rohkohle nur insoweit steuerlich in Betracht, als marktfähige Erzeugnisse im Sinne des § 2 hergestellt und der Verwendung im eigenen Betriebe zugeführt werden. Die Behandlung von Rohkohle lediglich im Zuge eines Verarbeitungsverfahrens, so z. B. die bei der Ölgewinnung aus bituminösen Braunkohlen zum Zwecke der Vergasung vorgenommene Pressung der Rohkohle, wird nicht als Aufbereitung oder Verarbeitung im Sinne dieses Gesetzes angesehen.

§ 4. Die Steuerpflicht für die inländische Kohle tritt ein, sobald die Kohle geliefert, sonst abgegeben oder der Verwendung im eigenen Betrieb oder dem eigenen Verbrauche zugeführt wird; die Steuer wird fällig am letzten des folgenden Monats. Der Bundesrat kann bestimmen, daß bei zur Verkokung gebrachten Steinkohlen die steuerpflichtige Menge allgemein oder in besonderen Fällen nach dem normalen Ausbringen an Koks ermittelt wird und die Versteuerung erst erfolgt, wenn der Koks auf Grund eines Kaufvertrags geliefert oder sonst abgegeben oder der Verwendung im eigenen Betrieb oder dem eigenen Verbrauche zugeführt wird.

Die Steuerpflicht für aus dem Ausland eingeführte Kohle tritt ein mit der Grenzüberschreitung. Die Steuer wird fällig, sobald die Sendung zum freien Verkehr abgefertigt worden ist. Die steuerpflichtige Kohle haftet ohne Rücksicht auf die Rechte eines Dritten für die darauf ruhende Steuer und kann, solange deren Entrichtung nicht erfolgt ist, von der Steuerbehörde zurückbehalten oder mit Beschlag belegt werden.

Im Falle der Hinterziehung gilt die Steuer als in dem Augenblicke fällig geworden, in dem die Kohle zur Versteuerung hätte angemeldet werden müssen.

Zu § 4.

Die Steuerpflicht der inländischen Kohle tritt ein, sobald sie von der Gewinnungs-, Aufbereitungs- oder Verarbeitungsstelle in den Verkehr gebracht wird, sei es zur Abgabe an Dritte oder zur Verwendung im eigenen Betrieb oder zum eigenen Verbrauche. Als Fälligkeitstermin ist der 15. des auf die Lieferung usw. folgenden Monats vorgesehen; bis zu diesem Tage ist die Steuer für die im vorigen Monat steuerpflichtig gewordenen Kohlenmengen zu entrichten. Die ausländische Kohle muß ebenfalls beim Eintritt in den Verkehr des Inlands, d. h. bei der Grenzüberschreitung, steuerpflichtig werden. Die Fälligkeit ist hier an die Schlußabfertigung geknüpft, die bei der Grenzzollstelle stattfinden kann, wenn die Kohle dort in den freien Verkehr gesetzt wird, oder bei einer Zollstelle im Innern, wenn die Kohle dieser mit Begleitzettel oder Begleitschein überwiesen ist. Die zur unmittelbaren Durchfuhr bestimmte Kohle unterliegt der Abgabe nicht.

§ 5. Der Versteuerung unterliegen nicht die zur Aufrechterhaltung des Betriebs des Bergwerkes sowie der Aufbereitungsanlagen erforderlichen Kohlen, ferner diejenigen Mengen an Braunkohle, welche als Betriebsmittel zur Herstellung der Preßkohlen benötigt werden.

Der Versteuerung unterliegen ferner nicht die auf Grund des Arbeitsverhältnisses oder Herkommens den Angestellten und der Belegschaft der Bergwerke sowie deren Berginvaliden und Bergmannswitwen für deren eigenen Bedarf aus der eigenen Förderung gewährten Hausbrandkohlen.

Der Bundesrat ist ermächtigt, Bestimmungen zu treffen, inwieweit Kohle steuerfrei zu belassen ist, die zum Betriebe von Schiffen oder Eisenbahnzügen dient, die den Verkehr mit dem Ausland vermitteln. Das gleiche gilt für Kohle, welche zu Ölen, Fetten, Wachs und ähnlichen Erzeugnissen verarbeitet wird.

Zu § 5.

Zu Abs. 1.

Der Abs. 1 spricht die Befreiung der zur Gewinnung und Herstellung der nach diesem Gesetz steuerpflichtigen Erzeugnisse aus. Diese Erzeugnisse sind nach § 2 alle Arten nicht aufbereiteter oder aufbereiteter Stein- und Braunkohle, bei Braunkohle auch die aus ihr hergestellten Preßkohlen. Befreit sind demnach die zur Aufrechterhaltung des Betriebs des Bergwerks sowie der Aufbereitungsanlagen erforderlichen Kohlen, ferner diejenigen

Mengen an Braunkohle, welche zur Herstellung der Preßkohlen (Briketts oder Naßpreßsteine) benötigt werden.

Diese Befreiung folgt aus dem System der Steuer, da andernfalls außer dem Produkt selbst eines der wesentlichsten zur Erzeugung der steuerpflichtigen Werte erforderlichen Produktionsmittel besteuert werden würde. Abgesehen hiervon sprechen für die Befreiung noch andere zwingende Gründe. Die Besteuerung des Selbstverbrauchs ist nicht abwälzbar, da er im Gesamtbergbau sich nicht gleichmäßig geltend macht, sondern bei den einzelnen Gruben zwischen etwa 3 bis 20 v. H. ihrer Förderung schwankt. Es würden somit gerade diejenigen Gruben empfindlich belastet werden, welche unter den ungünstigsten Bedingungen (schwieriger Wasserhaltung, großen Teufen) arbeiten, und es würde dadurch die Lebensfähigkeit mancher Grube gefährdet, deren Weiterbetrieb im Interesse der Arbeiterschaft und der sonstigen ortsangesessenen Bevölkerung dringend erwünscht ist. Ferner würde die inländische Erzeugung gegenüber der Einfuhr benachteiligt werden, die mit steuerfreiem Selbstverbrauche produziert.

Die Entwicklung der letzten Jahre hat vielfach dazu geführt, daß Gruben die eigene Krafterzeugung aufgaben und zum Bezug der Energie von Elektrizitätswerken übergingen, welche sich auf der Grube niederließen, um deren minderwertige, nicht versandfähige Förderung am Erzeugungsorte zu verwerten. Die Befreiung erstreckt sich nach der Fassung des Gesetzes auch auf diejenigen Kohlenmengen, welche in solchen oder ähnlichen Fällen zur Erzeugung des Kraftbedarfs der Grube verbraucht werden.

Nicht befreit sind diejenigen Kohlenmengen, welche zur Erzeugung nicht steuerpflichtiger Produkte, z. B. von aus Steinkohle hergestellten Preßkohlen, erforderlich sind.

Zu Abs. 2.

Es besteht das Bedürfnis, Kohlen, die grenzüberschreitende Eisenbahnzüge von der Grenze bis zur deutschen Endstation und zurück zur Grenze verbrauchen, steuerfrei zu lassen, schon weil die Ermittlung dieses Verbrauchs zu umständlich sein würde. Ebenso erscheint es geboten, Kohle steuerfrei zu lassen, die Schiffe vom Ausland als Betriebsmittel mitbringen und im Inland nicht von Bord geben. Die Überwachung wird in ähnlicher Weise zu regeln sein, wie es beim Schiffsproviant geschieht. Endlich könnte die Rücksicht auf die Erhaltung der Wettbewerbsfähigkeit der deutschen Reederei eine Ermäßigung der Steuer für Bunkerkohle oder ihre vollkommene Befreiung von der Steuer erforderlich machen. Es ist deshalb im Gesetze die Ermächtigung für den Bundesrat vorgesehen, Bestimmungen über Gewährung und Umfang der Steuerfreiheit zu treffen.

§ 6. Die Steuer beträgt zwanzig vom Hundert des Wertes der gelieferten oder sonst abgegebenen oder der Verwendung im eigenen Betrieb oder dem eigenen Verbrauche zugeführten oder der eingeführten Kohle.

Sofern Gemeinden oder Gemeindeverbände nach vom Bundesrat aufzustellenden Grundsätzen Einrichtungen treffen, die den Inhabern von Kleinwohnungen den Bezug von Hausbrandkohlen verbilligen, so werden die für diesen Zweck bezogenen Kohlen von der Steuer zur Hälfte befreit.

§ 7. Die steuerpflichtig gewordene Kohle ist nach Menge und Wert nach näherer Bestimmung des Bundesrats der Steuerbehörde schriftlich anzumelden.

§ 8. Als Wert der auf Grund eines Kaufvertrags gelieferten Kohle gilt der Verkaufspreis, ab Grube (§ 3 Abs. 1) oder Verarbeitungsstelle (§ 3 Abs. 2) gerechnet. Nachvergütungen oder neben dem Verkaufspreis gewährte Vorteile gelten als Teil des Verkaufspreises. Ist der Verkaufspreis einschließlich Steuer berechnet, so wird der Versteuerung der Verkaufspreis abzüglich der Steuer zugrunde gelegt.

Erfolgt die Lieferung unmittelbar oder mittelbar an einen Wiederverkäufer, an dessen Verkaufserlös der Steuerpflichtige beteiligt ist, so kann die Steuerbehörde den der Versteuerung zugrunde zu legenden Verkaufspreis unter Berücksichtigung des bei dem Wiederverkauf erzielten Zwischengewinns gemäß § 10 anderweit festsetzen.

Der Wert der in anderer Weise als durch Verkauf abgegebenen sowie der der Verwendung im eigenen Betrieb oder dem eigenen Verbrauche zugeführten Kohle bestimmt sich nach dem für Kohle gleicher Art ab Grube oder ab Verarbeitungsstelle geltenden Verkaufspreis.

Zu § 8.

Zu Abs. 1.

Unter dem Verkaufspreis ist die Summe aller für die gelieferte Kohle empfangenen Vergütungen zu verstehen. Bei Verkäufen syndizierter Zechen an das Syndikat setzt sich der Verkaufspreis demnach zusammen aus dem Abrechnungspreise zwischen Zeche und Syndikat zuzüglich aller der Zeche gewährten Nachvergütungen und abzüglich aller dem Syndikat von der Zeche zu leistenden Rückvergütungen. In gleicher Weise ist bei Verkäufen an Händler der Endpreis maßgebend, der sich aus dem bei der Lieferung vereinbarten Verkaufspreis zuzüglich aller Nachvergütungen errechnet. Nachvergütungen sind demgemäß anzumelden, sobald ihr Betrag feststellbar ist.

Zu Abs. 2.

Eine Schutzbestimmung gegen Umgehungen ist unbedingt erforderlich. Anderenfalls könnten Händlerfirmen oder große Selbstverbraucher besondere Firmen zum Betriebe von Gruben gründen zwecks Abschlusses von Kohlenlieferungen unter Bedingungen, welche die Ersparung eines Teiles der Steuer ermöglichen.

Zu Abs. 3.

Anders als durch Verkauf werden Kohlen abgegeben teils an Gemeinden und Grundeigentümer infolge alter Berechtigungen, teils an Beamte und Arbeiter. In Preußen waren diese Kohlen der alten Bergwerksabgabe ausdrücklich unterworfen. Es erscheint als eine Fodrerung der steuerlichen Gerechtigkeit, diese Lieferungen in gleicher Weise zu besteuern wie die auf Grund von Verkäufen abgegebenen Kohlen.

Der Wert dieser sowie der dem eigenen Betrieb oder dem eigenen Verbrauche zugeführten Kohlen soll durch Vergleich mit den für Kohle gleicher Art ab Grube oder ab Verarbeitungsstelle geltenden Verkaufspreisen ermittelt werden. Diese Verkaufspreise stehen dem Steuerpflichtigen wie der Steuerbehörde ohne weiteres zur Verfügung, wenn der Steuerpflichtige gleichartige Kohle verkauft. In anderen Fällen werden bei einer Ware wie der Kohle ohne weiteres Vergleichspreise zu ermitteln sein.

§ 9. Als Wert der aus dem Ausland eingeführten Kohle gilt der Erwerbspreis zuzüglich der bis zum Orte der Grenzeingangsstelle entstandenen Kosten. Der Bundesrat ist ermächtigt, für diese Zuschläge feste Sätze für je eine Tonne Kohlen zu bestimmen oder der Besteuerung lediglich den Erwerbspreis zugrunde zu legen.

Der Bundesrat wird ermächtigt, bezüglich der Einfuhr von Kohle aus Staaten, welche selber eine Steuer auf Kohle erheben, Vereinbarungen zu treffen, durch welche eine Doppelbesteuerung der Kohle vermieden wird.

Zu § 9.

Der der Steuerfestsetzung zugrunde zu legende Wert wird bei inländischer Kohle nach dem Preise berechnet, den sie bei ihrem Übergang in den Verkehr (Lieferung usw.) hat oder haben würde. Bei ausländischer Kohle setzt sich der Wert zusammen aus dem vom Empfänger gezahlten Erwerbspreis und den bis zum Grenzeingang entstandenen Kosten für Fracht, Versicherung usw. Dies entspricht auch den Grundsätzen, die für Wertzölle nach § 93 des Vereinszollgesetzes und nach § 3 des Tabaksteuergesetzes vom 15. Juli 1909 gelten.

§ 10. Steht der angegebene Verkaufspreis im Mißverhältnis zu den sonst ab Grube oder ab Verarbeitungsstelle abgeschlossenen Preisen für entsprechende Mengen von Kohle gleicher Art oder trägt die Steuerbehörde Bedenken, den nach § 8 Abs. 3 oder § 9 angemeldeten Wert als richtig anzunehmen, so kann die Steuerbehörde die Anmeldung beanstanden.

Führen die Verhandlungen mit dem Steuerpflichtigen nicht zu einer Einigung, so ist die Steuerbehörde berechtigt, der Versteuerung den Marktpreis zugrunde zu legen oder in Ermangelung eines solchen den Wert schätzen zu lassen und danach die Steuer festzusetzen.

§ 11. Wird der Wert der Kohle von der Steuerbehörde abweichend von der Anmeldung des Steuerpflichtigen festgesetzt, so ist dem Steuerpflichtigen über die Festsetzung ein Bescheid zu erteilen.

Gegen den Bescheid ist die Beschwerde im Verwaltungswege zulässig. Die Beschwerde hat keine aufschiebende Wirkung.

Zu § 11.

In dem Bescheide sind dem Steuerpflichtigen die Grundlagen für die Berechnung der Steuer und die Gründe mitzuteilen, aus denen von seiner Anmeldung abgewichen ist. Außerdem ist in dem Bescheid auf die Zulässigkeit der Beschwerde hinzuweisen.

§ 12. Ansprüche auf Zahlung oder Erstattung der Steuer verjähren in einem Jahre vom Tage des Eintritts der Fälligkeit oder der Entrichtung ab. Der Anspruch auf Nachzahlung eines hinterzogenen Steuerbetrags verjährt in drei Jahren.

Die Verjährung wird durch jede von der zuständigen Behörde gegen den Zahlungspflichtigen zur Geltendmachung des Anspruchs gerichtete Handlung unterbrochen.

II. Abschnitt.

Steueraufsicht.

§ 13. Wer im Inland Kohle gewinnen, aufbereiten oder Braunkohle zu Preßkohlen verarbeiten will, hat dies vor der Eröffnung des Betriebs der Steuerbehörde nach deren näherer Bestimmung anzumelden. Ebenso sind alle Änderungen im Besitz oder im Betrieb anzumelden, die auf die Festsetzung oder die Entrichtung der Steuer Einfluß haben.

§ 14. Ein Betriebsinhaber, der den Betrieb nicht selbst leitet, hat der Steuerbehörde diejenige Person zu bezeichnen, die als Betriebsleiter in seinem Namen handelt.

Die im folgenden für den Betriebsinhaber gegebenen Vorschriften gelten, mit Ausnahme derjenigen über die Kostenpflicht im § 17 Satz 2, auch für den Betriebsleiter.

§ 15. Die nach § 3 Abs. 1 und 2 steuerpflichtigen Betriebe unterliegen der Steueraufsicht. Die Beamten der Steuerverwaltung sind befugt, die Anlagen, solange darin gearbeitet wird, zu jeder Zeit, andernfalls während der Tagesstunden zu besuchen. Die Befugnis erstreckt sich nur auf die über Tage liegenden Teile der Anlagen, einschließlich der Geschäftsräume und Verladungsanlagen. Die Zeitbeschränkung fällt weg, wenn Gefahr im Verzug ist.

§ 16. Der Betriebsinhaber hat den Steuerbeamten jede für die Steueraufsicht erforderliche Auskunft über den Betrieb und den Absatz zu erteilen.

§ 17. Ist der Betriebsinhaber wegen Steuerhinterziehung bestraft worden, so kann der Betrieb besonderen Aufsichtsmaßnahmen unterworfen werden. Die Kosten fallen dem Betriebsinhaber zur Last. Die Einziehung der Kosten erfolgt nach den Vorschriften über das Verfahren für die Beitreibung der Zölle und mit deren Vorzugsrechten.

§ 18. Der Betriebsinhaber ist verpflichtet, nach Bestimmung der Steuerbehörde über die gewonnenen, bezogenen und verarbeiteten sowie über die auf Grund von Kaufverträgen gelieferten oder sonst abgegebenen oder der Verwendung im eigenen Betrieb oder dem eigenen Verbrauche zugeführten Mengen Kohle fortlaufende Anschreibungen nach Sorten und Wert zu führen.

Den Oberbeamten der Steuerverwaltung sind die auf die Gewinnung, den Bezug, die Verarbeitung und den Absatz der Kohle bezüglichen Geschäftsbücher und Geschäftspapiere auf Erfordern zur Einsicht vorzulegen.

§ 19. Für Anlagen, die von einem Bundesstaate betrieben werden, kann der Bundesrat in Ansehung der Steueraufsicht Abweichungen zulassen.

§ 20. Aus dem Ausland darf Kohle nur auf einer Zollstraße und während der Zollstunden eingeführt werden.

Zu §§ 13 bis 20.

Voraussetzung für die Überwachung der Steuerentrichtung im Inland ist die Anmeldung der steuerpflichtigen Betriebe. In dieser Anmeldung ist auch Art und Bezeichnung der gewonnenen, bezogenen, aufbereiteten oder verarbeiteten Kohle sowie Art des Absatzes und der Verwendung der Kohle anzugeben. Für die weitere Steueraufsicht ist die Form der Buchkontrolle gewählt worden, da eine steuerliche Abfertigung der in den Verkehr gebrachten Kohle auf große Schwierigkeiten stoßen würde. Die von dem Betriebsinhaber zu führenden Anschreibungen müssen die in den Verkehr gebrachten steuerpflichtigen Kohlenmengen in Übereinstimmung mit den Steueranmeldungen ersehen lassen, insbesondere genaue Angaben über die Bezeichnung der Kohle, die Abnehmer und die Preise enthalten. Zur Nachprüfung der Richtigkeit der Angaben sind den Steuerbeamten die Unterlagen (Lieferungsverträge usw.) vorzulegen. Anschreibungen sind auch über die nach § 5 Abs. 1 steuerfrei bleibende Kohle zu führen. Für staatliche Betriebe wird eine Vereinfachung der Kontrolle zulässig sein, deren Bestimmung dem Bundesrate vorbehalten ist.

Bei der ausländischen Kohle genügt die allgemeine Zollaufsicht zur Sicherung der Steuererhebung; um zu verhindern, daß Kohle der Zollaufsicht entzogen wird, ist ihre Einfuhr ausdrücklich auf die Zollstraßen und die Zollstunden im Sinne des § 21 des Vereinszollgesetzes beschränkt.

III. Abschnitt.

Strafvorschriften.

§ 21. Wer es unternimmt, dem Reiche die in diesem Gesetze vorgesehene Steuer vorzuenthalten, macht sich der Hinterziehung schuldig.

§ 22. Der Tatbestand des § 21 wird insbesondere dann als vorliegend angenommen,

1. wenn mit der Gewinnung, Aufbereitung oder Verarbeitung von Kohle begonnen wird, bevor die Anmeldung des Betriebs (§ 13) in der vorgeschriebenen Weise erfolgt ist;
2. wenn die im § 7 vorgeschriebene Anmeldung nicht oder nicht richtig abgegeben wird;
3. wenn die im § 18 vorgeschriebenen Anschreibungen nicht oder nicht richtig geführt werden;
4. wenn Kohle aus dem Ausland nicht auf einer Zollstraße oder nicht während der Zollstunden eingeführt wird.

Der Hinterziehung wird es gleichgeachtet, wenn jemand Kohle, von der er weiß oder den Umständen nach annehmen muß, daß hinsichtlich ihrer eine Hinterziehung der Steuer stattgefunden hat, erwirbt und den Erwerb nicht sofort der Steuerbehörde anmeldet.

Wird festgestellt, daß eine Vorenthaltung der Steuer nicht stattgefunden hat oder nicht beabsichtigt worden ist, so tritt nur eine Ordnungsstrafe nach § 25 ein.

§ 23. Wer eine Hinterziehung begeht, wird mit einer Geldstrafe in Höhe des vierfachen Betrages der Steuer, mindestens aber in Höhe von eintausend Mark für jeden einzelnen Fall bestraft. Außerdem ist die Steuer von dem Steuerpflichtigen nachzuzahlen.

Kann der Betrag der Steuer nicht festgestellt werden, so tritt eine Geldstrafe bis zu einhunderttausend Mark ein.

§ 24. Im Falle der Wiederholung der Hinterziehung nach vorausgegangener Bestrafung werden die im § 23 vorgesehenen Strafen verdoppelt.

Jeder fernere Rückfall wird mit Gefängnis bis zu zwei Jahren und zugleich mit Geldstrafe nicht unter dem Vierfachen der im § 23 vorgesehenen Strafen bestraft; doch kann nach richterlichem Ermessen mit Berücksichtigung aller Umstände und der vorangegangenen Fälle an Stelle der Gefängnisstrafe auf Haft oder auf Geldstrafe nicht unter dem Vierfachen der im § 23 vorgesehenen Strafen erkannt werden.

Die Rückfallstrafe tritt ein, auch wenn die frühere Strafe nur teilweise verbüßt oder ganz oder teilweise erlassen worden ist; sie bleibt ausgeschlossen, wenn seit der Verbüßung oder dem Erlasse der früheren Strafe bis zur Begehung der neuen Straftat drei Jahre verflossen sind.

§ 25. Zuwiderhandlungen gegen die Vorschriften dieses Gesetzes und die dazu erlassenen und öffentlich oder den Beteiligten besonders bekanntgemachten Verwaltungsbestimmungen werden, sofern sie nicht nach den §§ 23 und 24 mit einer besonderen Strafe bedroht sind, mit einer Ordnungsstrafe von einer Mark bis zu dreihundert Mark bestraft.

§ 26. Der Inhaber des unter Steueraufsicht stehenden Betriebs (§ 15) und der Empfänger haften für die von ihren Verwaltern, Geschäftsführern, Gehilfen und sonstigen in ihrem Dienste oder Lohne stehenden Personen sowie von ihren Familien- oder Haushaltungsmitgliedern verwirkten Geldstrafen und Kosten des Strafverfahrens im Falle des Unvermögens der eigentlich Schuldigen, wenn nachgewiesen wird,

1. daß die Zuwiderhandlung mit ihrem Wissen verübt ist, oder

2. daß sie bei Auswahl und Anstellung der Verwalter, Geschäftsführer, Gehilfen und sonstigen in ihrem Dienste oder Lohne stehenden Personen oder bei Beaufsichtigung dieser sowie der bezeichneten Hausgenossen nicht mit der Sorgfalt eines ordentlichen Geschäftsmanns vorgegangen sind.

Läßt sich die Geldstrafe von dem Schuldigen nicht beitreiben, so kann die Steuerbehörde davon absehen, den für die Geldstrafe Haftenden in Anspruch zu nehmen und die an Stelle der Geldstrafe tretende Freiheitsstrafe an dem Schuldigen vollstrecken lassen.

§ 27. Bei Umwandlung der nicht beizutreibenden Geldstrafen in Freiheitsstrafen darf die Freiheitsstrafe bei einer Hinterziehung im ersten Falle sechs Monate, im ersten Rückfall ein Jahr und im ferneren Rückfall zwei Jahre, bei einer Ordnungswidrigkeit drei Monate nicht übersteigen. Im Falle des § 23 Abs. 2 bleibt bei der Umwandlung ein Fünftel der Geldstrafe außer Betracht.

§ 28. Die Steuerbehörde kann die Beobachtung der auf Grund dieses Gesetzes getroffenen Anordnungen durch Androhung und Einziehung von Geldstrafen bis zu fünfhundert Mark im einzelnen Falle erzwingen. Die Vorschrift des § 17 letzter Satz findet entsprechende Anwendung.

§ 29. Die Strafverfolgung von Hinterziehungen verjährt in drei Jahren, von Ordnungswidrigkeiten in einem Jahre.

§ 30. In Ansehung des Verwaltungsstrafverfahrens, der Strafmilderung und des Erlasses der Strafe im Gnadenwege sowie in Ansehung der Strafvollstreckung kommen die Vorschriften zur Anwendung, nach denen sich das Verfahren wegen Zuwiderhandlung gegen die Zollgesetze bestimmt.

Die Geldstrafen fallen dem Staate zu, von dessen Behörden die Strafentscheidung erlassen ist. Im Falle des § 23 Abs. 2 ist von dem Betrage der Geldstrafe der fünfte Teil an Stelle des nicht festgestellten Steuerbetrags an die Reichskasse abzuführen.

§ 31. Ein im Strafverfahren eingegangener Geldbetrag ist im Verhältnis zur Reichskasse zunächst auf die Steuer zu verrechnen.

Zu §§ 21 bis 31.

Die Strafvorschriften entsprechen im allgemeinen den gleichen Vorschriften der geltenden Steuergesetze. Bei der Strafbemessung ist die Höhe der Steuer berücksichtigt; bei der Hinterziehung im ferneren Rückfall ist neben der Freiheitsstrafe Geldstrafe nicht unter dem Vierfachen der einfachen Hinterziehungsstrafe angedroht. Die Steuer ist auch bei Hinterziehungen stets von demjenigen nachzuzahlen, der nach § 3 zur Entrichtung der Steuer verpflichtet ist.

IV. Abschnitt.

Sonstige Vorschriften.

§ 32. Der Bundesrat erläßt besondere Bestimmungen für die außerhalb der Zollgrenze liegenden Teile des Reichsgebiets, soweit dort die Vorschriften dieses Gesetzes nicht anwendbar sind; auch kann er auf Antrag der Landesregierung an Stelle der in diesem Gesetze vorgesehenen Steuer die Zahlung einer Abfindung an die Reichskasse zulassen.

§ 33. Kohle, die aus den dem Zollgebiet angeschlossenen Staaten und Gebietsteilen eingeht, ist spätestens beim Eintritt in das Inland zu versteuern.

§ 34. Der Reichskanzler kann unter Zustimmung des Bundesrats wegen Herbeiführung einer den Vorschriften dieses Gesetzes entsprechenden Besteuerung in den dem Zollgebiet angeschlossenen Staaten und Gebietsteilen, wegen Überweisung der Steuer für die im gegenseitigen Verkehr übergehenden steuerpflichtigen Brennstoffe oder wegen Begründung einer Steuergemeinschaft mit den fremden Regierungen Vereinbarungen treffen.

§ 35. Die Erhebung und Verwaltung der Kohlensteuer erfolgt durch die Landesbehörden. Die erwachsenden Kosten werden den Bundesstaaten nach den vom Bundesrate zu erlassenden Bestimmungen vergütet.

Die Reichsbevollmächtigten für Zölle und Steuern und die ihnen unterstellten Aufsichtsbeamten haben in bezug auf die Ausführung des Gesetzes dieselben Rechte und Pflichten wie bezüglich der Erhebung und Verwaltung der Zölle.

In denjenigen Staaten, in denen die bezeichneten Geschäfte anderen Behörden als den Zollbehörden übertragen sind, werden Umfang und Art der Tätigkeit der Reichsaufsichtsbeamten vom Reichskanzler im Einvernehmen mit der beteiligten Landesregierung geregelt.

V. Abschnitt.

Übergangs- und Schlußvorschriften.

§ 36. Von den bestehenden steuerpflichtigen Betrieben sind die nach diesem Gesetz erforderlichen Anmeldungen zur Vermeidung der im § 25 angedrohten Ordnungsstrafen zu einem vom Bundesrate zu bestimmenden Zeitpunkt zu erstatten.

§ 37. Soweit beim Inkrafttreten dieses Gesetzes Verträge über Lieferung von Kohle oder aus Kohle hergestellten festen Brennstoffen bestehen, ist der Lieferer berechtigt, dem Abnehmer die auf die zu liefernde Menge entfallende Kohlensteuer in Rechnung zu stellen.

Soweit beim Inkrafttreten dieses Gesetzes Verträge über Ausbeutung von Feldern oder Feldesteilen durch Dritte bestehen, bei denen die als Entgelt zu zahlende Abgabe auf die Tonne Förderung sich ganz oder zum Teil nach der Höhe der jeweiligen Verkaufs- oder Verrechnungspreise bestimmt, scheidet für die Berechnung der Höhe der Tonnenabgabe derjenige Teil der jeweiligen Verkaufs- oder Verrechnungspreise aus, der durch die Kohlensteuer bedingt ist.

Soweit beim Inkrafttreten dieses Gesetzes Verträge über Lieferung von elektrischer Arbeit, Gas, Wasser, Heizung oder Dampfkraft oder Preisvereinbarungen über derartige Leistungen bestehen, ist der Lieferer berechtigt, einen Zuschlag zum Preise zu verlangen, welcher der ihm durch die Kohlensteuer verursachten Erhöhung der Herstellungs-, Betriebs- oder Bezugskosten entspricht. Das gleiche gilt bezüglich der Verträge über Personen- und Güterbeförderung im See- oder Binnenschiffahrtsverkehre. Der Bundesrat ist ermächtigt, die Entscheidung entstehender Streitigkeiten Schiedsgerichten zuzuweisen.

Zu § 37.

Die im Abs. 1 vorgesehene Überwälzungsbestimmung entspricht der bei der Einführung neuer Verbrauchsabgaben üblichen Rechtsregel. Als Kohle im Sinne dieses Gesetzes gelten aber nur die im § 2 aufgeführten steuerpflichtigen Erzeugnisse; daher mußte die wirtschaftlich unumgängliche Berechtigung zur Überwälzung der Steuer bei Lieferung anderer aus Kohle hergestellter fester Brennstoffe (z. B. von Koks oder von aus Steinkohle hergestellten Preßkohlen) ausdrücklich ausgesprochen werden.

Darüber hinaus ist den Lieferern von elektrischer Arbeit von Gas und von Wasser die Ermächtigung gegeben, einen Zuschlag zum Preise zu verlangen, welcher der ihnen durch die Kohlensteuer verursachten Erhöhung der Herstellungs-, Betriebs- oder Bezugskosten entspricht.

Elektrische Arbeit, soweit sie hier in Betracht kommt, sowie Gas sind lediglich umgewandelte Kohle; ihr Herstellungspreis ist daher von dem Kohlenpreis unbedingt abhängig. Eine Eigentümlichkeit der über die Lieferung von Elektrizität und Gas bestehenden Verträge ist ihre ungewöhnlich lange Dauer, welche sie von den Vertragsverhältnissen anderer, in ähnlichem Maße vom Kohlenpreis abhängigen Fabrikationen unterscheidet. Alle Verträge über Belieferung von Kreisen oder Gemeinden, mögen sie von Staaten, Kommunalverbänden oder Gesellschaften privater Rechtsform geschlossen sein, sind regelmäßig für Jahrzehnte geschlossen, und es sind gleichzeitig die für die Belieferung der Eingesessenen geltenden Preise für die ganze Vertragsdauer vereinbart. Auch die Belieferung großer Einzelabnehmer erfolgt regelmäßig auf Grund langjähriger Verträge.

Bei Abschluß dieser Verträge konnte mit einer derartigen Kohlensteuer nicht gerechnet werden. Würden die Lieferer die gesetzliche Ermächtigung zur Abwälzung nicht erhalten, so würde die Lebensfähigkeit ihrer Werke in vielen Fällen in Frage gestellt werden. Denn bei den modernsten Elektrizitätswerken betragen die Kohlenkosten bereits mehr als die Hälfte der gesamten Erzeugungskosten. Von den Verbrauchern andererseits würden diejenigen, welche ihren Kraftbedarf aus einer Zentralstation beziehen, von der Kohlensteuer freigestellt werden, während die Steuer diejenigen Verbraucher voll träfe, die sich ihren Kraftbedarf in eigenen Anlagen erzeugen.

Die Berechtigung zur Überwälzung ist auch auf Wasserlieferungsverträge ausgedehnt worden, weil ihre Dauer den

Elektrizitäts- und Gaslieferungsverträgen regelmäßig gleichkommt und der Kohlen- oder sonstige Kraftbedarf einen sehr erheblichen Anteil der Betriebskosten von Wasserwerken ausmacht.

Der überzuwälzende Betrag ist regelmäßig ohne weiteres zu errechnen, da über die für die Erzeugung der elektrischen Arbeit und des Gases erforderlichen Kohlenmengen anerkannte Erfahrungssätze bestehen, im übrigen die Betriebsausweise einen zweifelsfreien Aufschluß geben. Um aber weitläufigen Rechtsstreitigkeiten von vornherein vorzubeugen, ist die Zuweisung der Entscheidung an Schiedsgerichte vorbehalten.

§ 38. Das Gesetz tritt mit Wirkung vom 1. August 1917 in Kraft und hat Gültigkeit bis 31. Juli 1920.

Gesetz über die Erhebung eines Zuschlags zur Kriegssteuer.

Vom 9. April 1917.

(RGBl. S. 349.)

---

§ 1. Zu der auf Grund des Kriegssteuergesetzes vom 21. Juni 1916 / 17. Dezember 1916 (Reichs-Gesetzbl. S. 561 und 1407) geschuldeten außerordentlichen Kriegsabgabe wird zugunsten des Reichs ein Zuschlag in Höhe von 20 vom Hundert ihres Betrags erhoben.

Sofern das Gesamtvermögen des Steuerpflichtigen nach dem Stande vom 31. Dezember 1916 einhunderttausend Mark nicht übersteigt, ermäßigt sich auf Antrag des Steuerpflichtigen der Zuschlag

bei Steuerpflichtigen

mit mehr als 2 Kindern unter 18 Jahren auf 15 vom Hundert,

mit mehr als 3 Kindern unter 18 Jahren auf 10 vom Hundert,

mit mehr als 4 Kindern unter 18 Jahren auf 5 vom Hundert

und wird bei Steuerpflichtigen mit mehr als 5 Kindern unter 18 Jahren nicht erhoben. Dem Antrag ist nur stattzugeben, wenn er binnen einem Monat nach Zustellung des Steuerbescheids (§ 2 Satz 1) oder der nachträglichen Mitteilung (§ 2 Satz 2) gestellt wird.

§ 2. Die Festsetzung des Zuschlags erfolgt durch den Steuerbescheid (§ 29 des Kriegssteuergesetzes). Ist ein Steuerbescheid ohne gleichzeitige Festsetzung des Zuschlags erteilt worden, so erfolgt die Festsetzung des Zuschlags durch eine nachträgliche Mitteilung des Besitzsteueramts an den Steuerpflichtigen.

§ 3. Wird die Kriegsabgabe im Rechtsmittel-, Berichtigungs-, Neu- oder Nachveranlagungsverfahren anderweit veranlagt, oder wird die Kriegsabgabe aus Billigkeitsgründen ermäßigt oder erlassen, so ist auch der Zuschlag entsprechend anderweit festzusetzen oder zu erlassen.

§ 4. Gegen die Festsetzung des Zuschlags steht dem Steuerpflichtigen nach näherer Bestimmung der obersten Landesfinanzbehörde nur die Anrufung der übergeordneten Verwaltungsbehörden offen.

§ 5. Der Zuschlag wird mit der Abgabe zu den gleichen Fristen und Teilbeträgen erhoben.

Die Vorschriften im § 25, § 31 Abs. 3 bis 5 und § 32 des Kriegssteuergesetzes gelten auch für die Entrichtung des Zuschlags.

§ 6. Machen steuerpflichtige Einzelpersonen oder Gesellschaften glaubhaft, daß das Jahr, das auf den vom Kriegssteuergesetz erfaßten Zeitraum folgt, zu einer Vermögensminderung oder einem Mindergewinn in Höhe von mindestens einem Fünftel des steuerpflichtigen Vermögenszuwachses oder Mehrgewinns geführt hat oder führen wird, so ist auf ihren Antrag der Zuschlag bis auf weitere gesetzliche Regelung ohne

Sicherheitsleistung zu stunden. Die bezahlte Kriegsabgabe sowie etwaige im neuen Jahre gemachte Zuwendungen zu kirchlichen, mildtätigen oder gemeinnützigen Zwecken sind hierbei nicht zu berücksichtigen.

Die Vorschrift im Abs. 1 findet keine Anwendung, wenn der Steuerpflichtige seinen Wohnsitz oder Aufenthalt ins Ausland verlegt hat.

§ 7. Als Abgabe im Sinne von §§ 10, 11, § 28 Abs. 2, §§ 33, 34, 37 des Kriegssteuergesetzes gilt die Abgabe einschließlich des Zuschlags.

Von dem Gesamtaufkommen an Kriegsabgabe und Zuschlag gilt ein Sechstel als Aufkommen aus dem Zuschlag.

§ 8. Die Erhebung eines Zuschlags zur Kriegssteuer sowie die Sonderbesteuerung des Vermögenszuwachses, Mehreinkommens und Mehrgewinns für einen von der Kriegssteuer erfaßten Zeitranm durch die Bundesstaaten oder Gemeinden (Gemeindeverbände) ist unzulässig.

§ 9. Dieses Gesetz tritt am Tage seiner Verkündung in Kraft.

Begründung.

Die Erhebung eines Zuschlags zu der außerordentlichen Kriegsabgabe in Höhe von 20 vom Hundert ihres Betrages ist durch die lange Dauer des Krieges und durch die Kriegslasten des Reiches begründet, die zu einem im vorigen Jahre noch nicht übersehbaren Ausmaß angeschwollen sind. Die Einwirkungen des Krieges auf die gesamte Volkswirtschaft haben mit seiner weiteren Dauer immer mehr an Wucht und Umfang zugenommen. Dadurch rechtfertigt sich die Forderung nach einer Erhöhung des Ausgleichs durch die reichsgesetzlich vorgesehene

Sonderbesteuerung für diejenigen Personen und Unternehmungen, die aus den während der Kriegszeit sich vollziehenden großen Wertverschiebungen mit einer Verbesserung oder wenigstens ohne erhebliche Beeinträchtigung ihrer wirtschaftlichen Lage hervorgehen. Die Gesamtbelastung durch die außerordentliche Kriegsabgabe wird durch den Zuschlag zwar verschärft, sie wird aber den durch sie betroffenen Kreisen im Vertrauen auf ihre vaterländische Opferbereitschaft zugemutet werden können und volkswirtschaftlich noch erträglich sein. Die Erhebung des Zuschlags, dessen Festsetzung in der Regel gleichzeitig mit der Veranlagung der außerordentlichen Kriegsabgabe selbst wird erfolgen können, verursacht keine besonderen Veranlagungs- und Erhebungsschwierigkeiten. — Nach § 2 des Entwurfs soll die Vorschrift im § 22 Abs. 2 und 3 des Kriegssteuergesetzes für die durch den Zuschlag erhöhte Abgabe gelten, so daß die steuerpflichtigen Gesellschaften in keinem Falle mehr als 50 v. H. des nach den Vorschriften des Gesetzes über vorbereitende Maßnahmen zur Besteuerung der Kriegsgewinne vom 24. Dezember 1915 berechneten Mehrgewinns zu zahlen haben. Diese Regelung ist mit Rücksicht auf die Gesellschaften, welche die durch den Rücklagezwang nicht beanspruchten Mehrgewinne bereits verteilt haben, geboten. Eine unterschiedliche Behandlung der Gesellschaften danach, ob sie Mehrgewinne in den beiden ersten Kriegsgeschäftsjahren oder im dritten Kriegsgeschäftsjahr erzielt haben, und danach, ob ihr drittes Kriegsgeschäftsjahr bereits abgeschlossen ist oder nicht, müßte als ungerecht empfunden werden. Es empfiehlt sich daher allgemein im Interesse der gleichmäßigen Behandlung der Gesellschaften, den Gesamtbetrag der zu zahlenden Abgabe auf den von dem Rücklagezwang erfaßten Teil des Mehrgewinns nach oben zu begrenzen. — Der Zuschlag ist neben der auf Grund des Kriegssteuergesetzes geschuldeten Abgabe besonders festzusetzen. Wird die Abgabe im Rechtsmittel-, Berichtigungs-, Neu- oder Nachveranlagungsverfahren anderweit veranlagt, oder wird die Abgabe aus Billigkeitsgründen ermäßigt oder erlassen, so ist der Zuschlag von Amts wegen entsprechend anderweit festzusetzen oder zu erlassen (§§ 3, 4 des Entwurfs). — Da sich die Höhe des Zuschlags in der Regel rein rechnerisch aus der Kriegssteuerveranlagung ergibt und auch für die Begrenzung des Zuschlags gemäß § 2 des Entwurfs die Möglichkeit der Nachprüfung der Berechnungsgrundlagen im ordentlichen Rechtsmittelverfahren vorliegt, so wird die Verwaltungsbeschwerde als ausreichender Rechtsschutz gegen die Festsetzung des Zuschlags anzuerkennen sein (§ 5 des Entwurfs).

Gesetz über Sicherung der Kriegssteuer.

Vom 9. April 1917.

(RGBl. S. 351.)

---

§ 1. Die nach dem Kriegssteuergesetze vom 21. Juni 1916 (Reichs-Gesetzbl. S. 561) steuerpflichtigen Einzelpersonen haben vor einer Verlegung ihres Wohnsitzes oder Aufenthalts in das Ausland auf Verlangen der Steuerbehörde Sicherheit für eine künftige Kriegssteuer zu leisten. Die oberste Landesfinanzbehörde oder die von ihr bezeichnete Behörde bestimmt den Betrag der Sicherheit. Dieser Betrag kann nach den für die Einziehung öffentlicher Abgaben geltenden Vorschriften beigetrieben werden.

Die Vorschriften im Abs. 1 gelten auch, wenn Tatsachen vorliegen, welche die Annahme rechtfertigen, daß ein Steuerpflichtiger auf andere Weise, insbesondere durch Verbringung von Vermögen ins Ausland, die Beitreibung der künftigen Kriegssteuer gefährdet.

Verweigert ein sich im Ausland aufhaltender Steuerpflichtiger die Sicherheitsleistung, so kann sein im Inland befindliches Vermögen mit Beschlag belegt werden.

§ 2. Die in den §§ 13, 20, 23 des Kriegssteuergesetzes vom 21. Juni 1916 bezeichneten Gesellschaften und juristischen Personen haben in eine neu zu bildende

Kriegssteuerrücklage sechzig vom Hundert des in dem weiteren Kriegsgeschäftsjahr erzielten Mehrgewinns einzustellen.

Als weiteres Kriegsgeschäftsjahr gilt das auf die Kriegsgeschäftsjahre im Sinne des § 15 des Kriegssteuergesetzes folgende Geschäftsjahr.

Für die Berechnung des Mehrgewinns finden die Vorschriften im § 14 Abs. 1 und 2, §§ 16, 17, 18, 20, 23, 24 des Kriegssteuergesetzes Anwendung.

Hat der Reichskanzler mit Zustimmung des Bundesrats gemäß § 24 oder der Bundesrat gemäß § 36 des Kriegssteuergesetzes Anordnungen getroffen oder eine anderweite Berechnung des Mehrgewinns bewilligt, so gelten die Grundlagen dieser Berechnung auch für das neue Kriegsgeschäftsjahr.

§ 3. Die Befreiung von der Verpflichtung zur Bildung einer Sonderrücklage gemäß § 7 des Gesetzes über vorbereitende Maßnahmen zur Besteuerung der Kriegsgewinne vom 24. Dezember 1915 (Reichs-Gesetzbl. S. 837) erstreckt sich auch auf das neue Kriegsgeschäftsjahr.

§ 4. Die Vorschriften im § 6 Abs. 2, § 8 Abs. 1 bis 3 und Abs. 5, § 9 des Gesetzes über vorbereitende Maßnahmen zur Besteuerung der Kriegsgewinne vom 24. Dezember 1915 gelten entsprechend auch für die neue Kriegssteuerrücklage.

§ 5. Der Bundesrat ist ermächtigt, Ausführungsbestimmungen zu erlassen und Zuwiderhandlungen mit Geldstrafe bis zu eintausendfünfhundert Mark zu bedrohen.

§ 6. Dieses Gesetz tritt am Tage seiner Verkündung in Kraft.

Begründung.

Die Erhebung der außerordentlichen Kriegsabgabe für einen weiteren Veranlagungszeitraum ist infolge der Fortdauer des Krieges, ganz abgesehen von den geldlichen Bedürfnissen des Reichs, schon ein Gebot der ausgleichenden Gerechtigkeit. Es empfiehlt sich, für die Ausgestaltung dieser Kriegsabgabe die Erfahrungen bei der Veranlagung auf Grund des Kriegssteuergesetzes vom 21. Juni 1916 zu verwerten und deshalb den Ausbau der Kriegssteuer selbst zunächst noch hinauszuschieben. Daraus aber ergibt sich die Notwendigkeit, schon jetzt gewisse Sicherungsmaßnahmen zu treffen, damit die spätere Abgabenerhebung nicht erschwert oder gefährdet werde.

§ 1 des Entwurfs ist dem § 12 Abs. 3 und 4 des Kriegssteuergesetzes nachgebildet und richtet sich gegen die Steuerflucht von Einzelpersonen sowie sonstige Versuche, sich der Steuerpflicht zu entziehen. Daneben berücksichtigt schon die derzeit gültige Regelung der Paßpflicht das steuerliche Interesse; zu vergleichen § 6 der Kaiserlichen Verordnung, betreffend anderweite Regelung der Paßpflicht, vom 21. Juni 1916 (Reichs-Gesetzbl. S. 599) und Nr. 11 d der Bekanntmachung des Reichskanzlers, betreffend Ausführungsvorschriften zu der Paßverordnung, vom 24. Juni 1916 (Reichs-Gesetzbl. S. 601). Diese Vorschriften bleiben unberührt. — Die §§ 2 bis 4 des Entwurfs sehen zur Sicherung der künftigen Kriegsabgabe der Gesellschaften und juristischen Personen die Bildung einer neuen Kriegssteuerrücklage für ein weiteres Geschäftsjahr vor. Ihrer Art nach sind sonach die Sicherungsmaßnahmen die gleichen, wie sie durch das Gesetz über vorbereitende Maßnahmen zur Besteuerung der Kriegsgewinne vom 24. Dezember 1915 (Reichs-Gesetzbl. S. 837) eingeführt worden sind. Zu einer grundsätzlichen Abweichung von der seitherigen Regelung besteht kein Anlaß.

Da indes mit der längeren Dauer des Krieges seine Einwirkungen immer weiter und tiefer greifen, erscheint die Forderung nach einer Verschärfung der Kriegssteuer begründet. Deshalb sollen auch in dem neuen Geschäftsjahr nicht wie bisher

50, sondern 60 v. H. des Mehrgewinns der Kriegssteuerrücklage zugeführt werden. Die Festlegung der Mehrgewinne in noch größerem Umfang wird sich aus volkswirtschaftlichen Erwägungen verbieten.

Neues Geschäftsjahr, das einen kürzeren Zeitraum als einen solchen von zwölf Monaten nicht umfassen darf, ist:

wenn das Geschäftsjahr mit dem 31. August endet, das Geschäftsjahr vom 1. September 1916 bis 31. August 1917;

wenn das Geschäftsjahr mit dem 30. September endet, das Geschäftsjahr vom 1. Oktober 1916 bis 30. September 1917;

wenn das Geschäftsjahr mit dem 31. Oktober endet, das Geschäftsjahr vom 1. November 1916 bis 31. Oktober 1917;

wenn das Geschäftsjahr mit dem 30. November endet, das Geschäftsjahr vom 1. Dezember 1916 bis 30. November 1917;

wenn das Geschäftsjahr mit dem 31. Dezember endet, das Geschäftsjahr vom 1. Januar 1917 bis 31. Dezember 1917;

wenn das Geschäftsjahr mit dem 31. März endet, das Geschäftsjahr vom 1. April 1917 bis 31. März 1918;

wenn das Geschäftsjahr mit dem 30. Juni endet, das Geschäftsjahr vom 1. Juli 1917 bis 30. Juni 1918.

Die Berechnung des Mehrgewinns soll nach den Vorschriften des Kriegssteuergesetzes erfolgen, die von denen des Sicherungsgesetzes vom 24. Dezember 1915 insofern abweichen, als ein Mindestfriedensgewinn von 6 statt 5 v. H. des Grund- oder Stammkapitals zugrunde gelegt wird und die Vorschriften im § 16 Abs. 2 und § 18 des Kriegssteuergesetzes im Sicherungsgesetze nicht enthalten sind.

Das gebieterische Interesse der Reichsfinanzen verbot es, in den Entwurf eine dem § 1 Abs. 3 des Sicherungsgesetzes, § 22 Abs. 1 des Kriegssteuergesetzes entsprechende Vorschrift aufzunehmen, wonach Gewinnbeträge, die zu ausschließlich gemeinnützigen Zwecken bestimmt sind und deren dauernde Verwendung zu solchen Zwecken gesichert ist, von dem Geschäftsgewinne des neuen Kriegsgeschäftsjahrs abgesetzt werden dürfen.

Nach dem Entwurf soll eine neue Kriegssteuerrücklage gebildet werden. Mit dem Ablauf des von dem Kriegssteuergesetz vom 21. Juni 1916 erfaßten Zeitraums wird ein neuer Veranlagungszeitraum beginnen. Es würde sachlich nicht gerechtfertigt und auch mit dem finanziellen Interesse des Reichs schwer verträglich sein, wenn der Ausgleich eines Mindergewinns mit einem Mehrgewinn über einen Veranlagungszeitraum hinaus zugestanden würde. Es handelt sich für die neue Sicherungsmaßnahme nur um ein Geschäftsjahr. Es ist deshalb eine dem § 8 Abs. 4 des Sicherungsgesetzes vom 24. Dezember 1915, § 14 Abs. 3 des Kriegssteuergesetzes entsprechende Vorschrift nicht in den Entwurf aufgenommen worden.

Gesetz über eine weitere Kriegsabgabe der Reichsbank für 1916.

Vom 27. März 1917.

(RGBl. S. 285.)

§ 1. Von dem Gewinne der Reichsbank für das Jahr 1916 wird vorweg ein Betrag von 100 Millionen Mark dem Reiche überwiesen.

§ 2. Die für das Jahr 1916 von der Reichsbank „für Kriegsverluste" bilanzmäßig zurückzustellende Reserve darf bis zum 31. Dezember 1920 nur zur Deckung von solchen Verlusten verwendet werden.

Soweit der zurückgestellte Betrag bis zu diesem Zeitpunkt keine Verwendung gefunden hat, ist über ihn durch das nächste, zufolge § 41 des Bankgesetzes zu erlassende Gesetz endgültige Bestimmung zu treffen.

Der Betrag ist der Kommunalbesteuerung nicht unterworfen.

Sachregister.

(Die Zahlen geben die Seiten an.)

Abkürzungen.

(KrAbgReichsb.) = Gesetz über eine weitere Kriegsabgabe der Reichsbank für 1916.

(KSt.) = Kohlensteuergesetz.

(KrStS.) = Gesetz über Sicherung der Kriegssteuer.

(KrStZ.) = Gesetz über Erhebung eines Zuschlags zur Kriegssteuer.

(VSt.) = Gesetz über die Besteuerung des Personen- und Güterverkehrs.

A.

Abfallstoffe (VSt.) 29.

Abgabe, Befreiung von der — (VSt.) 24 ff.; Begriff der — (KrStZ.) 87; — bei der Personenbeförderung (VSt.) 9 ff., 39 ff.; Berechnung der — (VSt.) 31 ff.; — im Gepäckverkehr (VSt.) 40; — von Kohlen (nicht durch Verkauf) (KSt.) 72.

Abgabenberechnung, Einigung über — (VSt.) 34 ff.

Abgabenfreiheit im nichtöffentlichen Güterverkehr (VSt.) 26; — von Verträgen über Beförderungen (VSt.) 52.

Abführung der Steuer (VSt.) 53.

Ableichterung, Kosten der — (VSt.) 33.

Abrechnung der Steuerstelle mit nichtstaatlichen Beförderungsunternehmungen (VSt.) 44.

Abrechnungsverfahren beim Güterverkehr (VSt.) 43.

Anmeldung der steuerpflichtigen Kohle (KSt.) 70; Beanstandung der — durch die Steuerbehörde (KSt.) 73; — der beförderten Güter bei der Steuerstelle (VSt.) 47 ff.; — von Betrieben (KSt.) 74 ff.

Anmeldungen, Zeitpunkt der — (KSt.) 81.

Anschreibungen der Kohlenmengen (KSt.) 75.
Arbeit, elektrische (KSt.) 83.
Arbeiter- und Schülerverkehr (VSt.) 26.
Ausführungsbestimmungen (KrStG.) 91.
Aufsichtsmaßregeln wegen Steuerhinterziehung (KSt.) 75.
Ausgangshäfen, inländische (VSt.) 22.
Automobillinien (VSt.) 13.

B.

Bahnanlagen, nichtöffentliche Güterbeförderung auf — (VSt.) 34 ff.
Beanstandung der Anmeldung durch die Steuerbehörde (KSt. 73.
Beförderung, Abgabe von der — (VSt.) 22 ff.; — auf dem Bodensee (VSt.) 23; — auf eigenen Werkbahnen (VSt.) 18; —, Begriff nach dem Gesetz (VSt.) 20; beschleunigte — (VSt.) 40; — von Gütern im Schiffsverkehr (VSt.) 22 ff.; — von Personen und Gütern (VSt.) 20 ff.
Beförderungspreis (VSt.) 10, 16 ff., 33 ff., 39; nicht berechneter — (VSt.) 42; prozentualer Zuschlag zum — (VSt.) 14; — im Eisenbahnverkehr (VSt.) 32; — auf Wasserstraßen 32.
Beförderungsunternehmer (VSt.) 19.
Beförderungsunternehmungen, nichtstaatliche —, Abrechnung mit der Steuerstelle (VSt.) 43, 44.
Befreiungen von der Abgabe (VSt.) 24 ff.
Begründung, amtliche — (KSt.) 57 ff.; amtliche — (VSt.) 7 ff.
Behörden zur Erhebung der Verkehrssteuer 48 ff.
Beitreibung des Sicherheitsbetrages (KrStG.) 90.
Beleuchtung bei Familien, Kosten der — (KSt.) 60.
Berechnung der Verkehrssteuer 53.
Bergbau als Steuerquelle (KSt.) 57.
Bergwerksabgabe, alte preußische — (KSt.) 61.
Bescheid an den Steuerpflichtigen (KSt.) 73.
Beschlaglegung auf im Inland befindliches Vermögen (Kr.-StG.) 90.
Beschwerde im Verwaltungswege (KSt.) 73.
Besteuerung des Personen- und Güterverkehrs 5, 7 ff.; Gegen-

stand der — (VSt.) 20 ff.; nach dem Wert (KSt.) 63.
Betrieb, eigener — (KSt.) 66; geschlossener —, Begriff (VSt.) 30.
Betriebe, Anmeldung von — (KSt.) 74 ff., 76.
Betriebsinhaber (KSt.) 74 ff.; Haftung der — 78.
Betriebsleiter (KSt.) 74 ff.
Betriebsmittel, eigene — (VSt.) 34.
Betriebsunternehmer (VSt.) 19, 30, 35 ff., 39.
Betriebsverwaltung, Dienstgut der — (VSt.) 26.
Binnenschiffsverkehr (VSt.) 14.
Binnenwasserstraßen, Verkehr auf — (VSt.) 8.
Bodensee, Beförderung auf dem — (VSt.) 23.
Botenfuhrwerksverkehr (VSt.) 22.
Braunkohle (KSt.) 54, 60, 63 ff.
Braunkohlenbergbau (KSt.) 57.
Brief- und Paketverkehr (VSt.) 20.
Brikett (KSt.) 65 ff.
Bundesrat (VSt.) 25, 31, 34, 36, 40, 43, 45, 50, 53; —, Befugnis zur Vereinfachung der Kontrolle der staatlichen Betriebe (KSt.) 76; —, Bestimmung des Zeitpunkts der Anmeldungen (KSt.) 81; —, Entscheidung von Streitigkeiten (KSt.) 82; —, Erlaß von Abweichungen (KSt.) 75; —, Ermächtigung zum Erlaß von Bestimmungen außerhalb der Reichszollgrenze (KSt.) 80 ff.; Ermächtigung des —, betreffend Steuerbefreiung (KSt.) 68, 70; —, Vermeidung von Doppelbesteuerungen (KSt.) 72.
Bundesstaat, Teilnahme am Ertrag der Verkehrssteuer 52.
Bundesstaaten, von — betriebene Anlagen (KSt.) 75.

D.

Dampfschiffverkehr, Abgabe im — (VSt.) 41.
Dauerkarten (VSt.) 11.
Doppelbesteuerungen (KSt.) 72.
Droschken- u. Lohnfuhrverkehr (VSt.) 13.

E.

Einzelpersonen, steuerpflichtige — (KrStG.) 90 ff.
Eisenbahn, Wettbewerbsfähigkeit (VSt.) 17.
Eisenbahnverkehr, Abgabe vom — (VSt.) 41; —, Beförderungspreise im — (VSt.) 32.

Elektrizitätswerke, Energie von — (KSt.) 69.
Elektrische Arbeit (KSt.) 83.
Empfänger, Haftung des — (KSt.) 78.
Endpreis (KSt.) 71.
England, Inlandspreise für Kohlen (KSt.) 58.
Erhebung der Steuer (VSt.) 53; — u. Verwaltung (KSt.) 81; — von Wirtschaftsrechnungen unbemittelter Familien (KSt.) 60.
Erhebungsbehörden (VSt.) 48 ff.
Erhebungsverfahren im öffentlichen Güterverkehr (VSt.) 45 ff.
Ermäßigung und Erlaß (KrStG.) 85 ff.
Erwerbspreis (KSt.) 72.
Erzeugnisse steuerpflichtige, Befreiung der — von der Kohlensteuer 68.

F.

Fahrausweise, Abgabe bei — (VSt.) 44 ff.
Fahrkartenstempel des Reichsversicherungsgesetzes (VSt.) 36.
Fahrten in die freie See (VSt.) 22 ff.
Fährverkehr und -betrieb (VSt.) 13, 20.
Fehlbetrag, Ausgleich des — durch die Kohlensteuer (KSt.) 60.
Festsetzung des Kriegssteuerzuschlags 86, 88, 89.
Feuerung (Holz, Kohlen) auf den Kopf der Bevölkerung (KSt.) 60.
Flößereibetrieb (VSt.) 21.
Förderabgabe (KSt.) 61 ff.
Frachtberechnung, nachträgliche Änderung (VSt.) 39.
Frachtsätze im Schiffverkehr (VSt.) 33.
Frachturkunde bei Beförderung von Gütern (VSt.) 45 ff., 54.
Frachturkundenstempel (VSt.) 13 ff., 53.
Frachturkundenstempelgesetz vom 17. Juni 1916 (VSt.) 7.
Fracht- und Abrollungszuschläge, (KSt.) 59.
Frankreich, Kohlenpreise 59.
Freigrenze für Personenfahrten (VSt.) 11.

G.

Gas (KSt.) 83.
Geldstrafe (KSt.) 77; — bei Hinterziehung (VSt.) 50 ff.; — (KrStG.) 91; — bei Entscheidungen von Bundesstaaten (KSt.) 80; nicht beitreibbare — (KSt.) 79.

Gepäckverkehr, Abgabe im — (VSt.) 40 ff.
Gerichtszuständigkeit (VSt.) 47 ff.
Gesamtabgabenbetrag, Festsetzung und Einziehung durch die Steuerstelle (VSt.) 43.
Geschäftsbücher, Einsicht in — (KSt.) 75.
Geschäftsjahr mit weniger als zwölf Monaten (KrStG.) 93.
Gesetz über die Erhebung eines Zuschlags zur Kriegssteuer (KrStZ.) 85 ff.; — über eine weitere Kriegsabgabe der Reichsbank für 1916 (Kr.Abg.-Reichsb.) 95; — über Sicherung der Kriegssteuer(KrStG.) 90 ff.
Gewichtssteuer, reine — als Kohlensteuer (KSt.) 61.
Gewinn der Reichsbank 1916 (KrAbgReichsb.) 95.
Gewinnbeträge zu gemeinnützigen Zwecken (KrStG.) 93.
Gnadenweg, Erlaß der Strafe im — (KSt.) 79.
Gültigkeit des Kohlensteuergesetzes 84.
Güter im nicht-öffentlichen Verkehr (VSt.) 34 ff.
Güterbeförderung, Abgabe bei — (VSt.) 40 ff.; Frachturkunde über — (VSt.) 45 ff.; gewerbsmäßige — (VSt.) 22; im See- oder Binnenfahrtsverkehr (KSt.) 82.
Güterbewegung, Besteuerung der — (VSt.) 17.
Güterklassifikation (VSt.) 14 ff.
Güterverkehr, Abrechnungsverfahren (VSt.) 43; Besteuerung des — (VSt.) 7 ff., 13 ff.
Grudekoks (KSt.) 66.

H.

Haftung der Betriebsinhaber und Empfänger (KSt.) 78.
Hängebahnen (VSt.) 21.
Hausbrandkohlen (KSt.) 68, 70.
Heizung und Beleuchtung bei Familien, Kosten der — (KSt.) 60.
Hinterziehung (KSt.) 67, 76 ff.; —, Rückfall 78; Tatbestand der — 77 ff.; — (VSt.) 50 ff.
Höhe des Kriegssteuer-Zuschlags (KrStZ.) 85.
Höchstpreise, obrigkeitliche (VSt.) 38.
Hoheitsgebiet, fremdes (VSt.) 31.

J.

Ilse-Briketts (KSt.) 59.
Italien, Kohlenpreise (KSt.) 59.
Inlandspreise Englands (KSt.) 58.

K.

Kaiser-Wilhelm-Kanal (VSt.) 28.
Klagerecht, Verlust des — (VSt.) 47 ff.
Kleinbahnverkehr (VSt.) 8.
Kleinhandelspreise für Kohle (KSt.) 59.
Kleinverbrauch von Kohlen (KSt.) 59.
Kleinwohnungen, Inhaber von — (KSt.) 70.
Kohle (KSt.), als Steuerquelle 57 ff.; — als Verbrauchsgut 65; —, Aufbereitung 65 ff.; aus dem Ausland ausgeführte — 64, 65, 72; — aus den dem Zollgebiet angeschlossenen Staaten 80 ff.; —, Besteuerung nach dem Wert 63; —, Einfuhr aus dem Auslande 64, 76; — im Sinne des Gesetzes 82 ff.; inländische — 64; Steuerpflicht für aus dem Ausland eingeführte — 67 ff.; Steuerpflicht für inländische — 66 ff.; Anmeldung der steuerpflichtigen — 70; Verteuerung der — für die Reedereien 58; — Verwendung zum eigenen Betrieb 66; Wert der — 72 ff.; zur Aufbereitung oder Verarbeitung bezogene — 64; Abgabe von nichtverkaufter — an Gemeinden, Grundeigentümern usw. (KSt.) 72; —, Kleinverkauf (KSt.) 59; —, Lieferung an Wiederverkäufer (KSt.) 71.
Kohlenförderung, deutsche, Wert der — (KSt.) 57.
Kohlengewinnung, deutsche — (KSt.) 60.
Kohlenmengen, Anschreibungen nach Sorten und Wert (KSt.) 75.
Kohlenpreise (KSt.) 82; — der Welt 58; —, Fracht- und Abrollungszuschläge 59; — in Frankreich und Italien 59; nordamerikanische — 59; Steigen der — seit Kriegsausbruch 58.
Kohlensteuer (KSt.), Befreiungen von der — 68; Betrag der — 70 ff.; Fälligkeit der — 67; Hinterziehung der — 67 ff.; Kosten der Erhebung u. Verwaltung 81; Veranlagung zur — unter Heranziehung der Landesbehörden 64; Vorenthaltung der — 76; —, wirtschaftliche Zulässigkeit 58.
Kohlensteuergesetz (KSt.) 57 ff.; —, Allgemeine Vorschriften 64 ff.; Inkrafttreten des — 82.
Kohlensteuerklausel (KSt.) 57.
Kohlensyndikat, Rheinisch-Westfälisches (KSt.) 57 ff.

Koks (KSt.), aus dem Ausland eingeführter — 64 ff.; — Frachtsätze 54.

Kommunalbesteuerung (KrAbg.-Reichsb.) 95.

Kosten der Erhebung und Verwaltung der KSt. 81.

Kriegsausschuß für Konsumenteninteressen (KSt.) 60.

Kriegsgeschäftsjahre, Kriegsjahre (KrStG.) 88, 91.

Kriegssteuer, Gesetz über Sicherung der — (KrStG.) 90 ff., 92; künftige — (KrStG.) 90 ff.

Kriegssteuergesetz vom 21. Juni 1916 (KrStG.) 90 ff.. 92.

Kriegssteuerrücklage (KrStG.) 90 ff., 92, 94.

Kriegssteuer-Zuschlag (KStZ.) Begriff der Abgabe 87; —, Begründung der Steuer 87 ff.; Erhebung des — 86, 88; Erlaß des — und Ermäßigung 85 ff.; Festsetzung des — 86; Höhe des — 85; Inkrafttreten —, des Gesetzes 87; —, Mehrgewinne in Kriegsjahren 88; —, Steuerbescheid 86; Stundung des — 86 ff.; —, Verlegung des Wohnsitzes des Steuerpflichtigen ins Ausland 87; —, Wertverschiebungen während des Krieges 88; —, Zuwendungen zu kirchlichen oder gemeinnützigen Zwecken 87.

Kriegsverluste, zurückzustellende Reserve (KrAbgReichsb.) 95.

L.

Landwege, gewerbsmäßige Personenbeförderung auf — (VSt.) 13.

Leichterverkehr (VSt.) 23.

Leichterkosten (VSt.) 33.

Lieferer und Verbraucher von Kohlen, Steuerpflicht der — (KSt.) 64 ff.

Liegegelder (VSt.) 33.

Lohnaufwendungen, durch den Krieg entstandene — (VSt.) 12.

Lohnfuhr- u. Droschkenverkehr (VSt.) 13.

M.

Marktpreis (KSt.) 73.

Massengüter, geringwertige — (VSt.) 16.

Maßnahmen, vorbereitende — (KrStG.) 91.

Materialpreise, durch den Krieg entstandene (VSt.) 12.

Mehrgewinn, Berechnung des — (KrStG.) 91, 93; — in den Kriegsjahren (KrStZ.) 86, 88.

Mindestfriedensgewinn (KrSt.-G.) 93.

N.

Nachvergütungen (KSt.) 70 ff.
Nahverkehr (VSt.) 11.
Nord-Amerika, Kohlenpreise (KSt.) 59.
Nord- und Ostseehäfen, deutsche — (VSt.) 27.

O.

Omnibusverkehr (VSt.) 22.
Ordnungsstrafe (VSt.) 51; — (KSt.) 77 ff.
Ost- und Nordseehäfen, Schiffsverkehr zwischen deutschen — (VSt.) 22 ff.

P.

Paßpflicht (KrStG.) 92.
Pennsylvaniakohle (KSt.) 59.
Personenbeförderung (VSt.) 39 ff.; gewerbsmäßige — auf Landwegen (VSt.) 13.
Personenfahrkarten, Stempelabgabe (VSt.) 7.
Personenfahrkartenstempel (VSt.) 13.
Personenfahrten, Freigrenze (VSt.) 11.
Personen- und Güterbeförderung im See- oder Binnenschiffahrtsverkehr (KSt.) 82.
Personen- und Güterverkehr, Besteuerung des — (VSt.) 5, 7 ff.
Postpaketverkehr, steuerliche Belastung (VSt.) 7 ff.
Preis der Beförderung (VSt.) 30.
Preise der Kohlen (KSt.) 58 ff.
Preßkohle (KSt.) 64 ff.; —, Arten 65 ff.; aus Braunkohle hergestellte — 64; aus dem Ausland eingeführte — 65; aus Steinkohlen hergestellte — 64; —, (VSt.) Frachtsätze 54; — (KSt.), Verarbeitung 60.
Prüfungsverfahren bei steuerpflichtigen Betrieben (VSt.) 49.

R.

Rechtsweg (VSt.) 47 ff.
Reedereien, Interessen der — (KSt.) 58 ff.
Reichsbank, Gewinn für das Jahr 1916 (KrAbgReichsb.) 95.
Reichsbevollmächtigte für Zölle und Steuern (VSt.) 49 ff.
Reichsgebiet, außerhalb der Zollgrenze liegende Teile (KSt.) 80 ff.; Beförderung innerhalb des — (VSt.) 22 ff.

Reichskanzler (VSt.) 40, 50; —, Ermächtigung zu Vereinbarungen mit fremden Regierungen (KSt.) 81.

Reichskasse, Anspruch der — bei Geldstrafen (KSt.) 80.

Reichsstempelgesetz, Abschnitt VI (VSt.) 8; Tarif zum — (VSt.) 53 ff.; — vom 14. Juni 1900 (VSt.) 7.

Reserve, zurückzustellende — für Kriegsverluste (KrAbgReichsb.) 95.

Rheinisch-Westfälisches Kohlensyndikat, Richtpreise (KSt.) 57, 58.

Rheinseehäfen (VSt.) 22 ff.

Richtpreis für Ilse-Briketts (KSt.) 59.

Richtpreise des Rheinisch-Westfälischen Kohlensyndikats (KSt.) 58.

Rohkohle, im Zuge eines Verarbeitungsverfahrens (KSt.) 66.

Rollfuhrbetrieb (VSt.) 22.

Rückfall bei Steuerhinterziehungen (KSt.) 78.

Rückfallstrafe (VSt.) 50 ff.

S.

Schnellzugszuschlagkarten (VSt.) 41.

Schiedsgerichte (VSt.) 36 ff.

Schienenbahnen, Beförderung auf — (VSt.) 20.

Schiffahrt, Wettbewerbsfähigkeit der — gegenüber der Eisenbahn (VSt.) 17.

Schiffsgefäße, Beförderung in eigenen — (VSt.) 35.

Schiffsfrachturkundenstempel (VSt.) 7.

Schiffsverkehr, Beförderung von Gütern im — (VSt.) 22 ff.; —, Frachtsätze (VSt.) 33; örtlichen Bedürfnissen dienender — (VSt.) 40.

Schlepplöhne (VSt.) 33.

Schlußvorschriften (KSt.) 81 ff.

Schüler- und Arbeiterverkehr (VSt.) 26.

Schutzbestimmungen gegen Umgehungen (KSt.) 71.

Schuldner der Verkehrs-Abgabe (VSt.) 35 ff., 39.

See- und Binnenschiffahrtsverkehr (KSt.) 82.

Seeverkehr (VSt.) 23.

Seilbahnen (VSt.) 21.

Selbstverbrauch, Besteuerung (KG.) 69.

Sicherung der Kriegssteuer (KrStG.) 90 ff.

Sonderrücklagen (KrStG.) 91.

Spediteure, Rollfuhrbetrieb (VSt.) 22.

Stadtschnellbahnen (VSt.) 25 ff.
Statistisches Amt, Kaiserliches — (KSt.) 60.
Steinkohle (KSt.) 60 ff.; — Frachtsätze (VSt.) 54; — im Sinne des Gesetzes (KSt.) 64; unaufbereitete — (KSt.) 64; zur Verkokung gebrachte — (KSt.) 67.
Steinkohlenbergbau (KSt.) 57.
Stempel, kilometrischer — (VSt.) 10.
Stempelabgabe auf Personenfahrkarten (VSt.) 7.
Steueraufsicht (KSt.) 74 ff.
Steuerbeamte, Berechtigung der — (KSt.) 75.
Steuerbefreiung zur Hälfte (KSt.) 70.
Steuerbehörde, Befugnisse (KSt.) 73.
Steuerbescheid (KrStZ.) 86.
Steuerentrichtung, Überwachung im Inland (KSt.) 76.
Steuerfreiheit, Ermächtigung zur — (VSt.) 25; — von Kohlen (KSt.) 68.
Steuerflucht (KrStG.) 92.
Steuerhinterziehung (KSt.) 75.
Steuerpflicht (KSt.) 64 ff.; Einfluß der Kinderzahl auf die — (KrStZ.) 85; — für aus dem Ausland eingeführte Kohle (KSt.) 67 ff.; — für inländische Kohle (KSt.) 66 ff.; Grundgedanke der — (VSt.) 18 ff.
Steuerpflichtige Einzelpersonen (KrStG.) 90 ff.
Steuerpolitik beim KSt. 58.
Steuerquellen (KSt.) 57 ff.
Strafen (KSt.) 77; s. a. Geldstrafen.
Strafmilderung (KSt.) 79.
Strafverfolgung, Verjährung (KSt.) 79.
Strafvollstreckung (KSt.) 79.
Strafvorschriften (VSt.) 49; — (KSt.) 76 ff.;
Straßenbahn (VSt.) 40.
Straßenbahnverkehr (VSt.) 11 ff., 22.
Streitigkeiten, Austrag durch Schiedsgericht (VSt.) 38.
Stundung (KrStZ.) 87.

T.

Tarife, Gestaltung der — (VSt.) 36; obrigkeitliche — (VSt.) 38; veröffentlichte — (VSt.) 36.

U.

Übergangszeit (VSt.) 55 ff.
Übergangsvorschriften (KSt.) 81 ff.
Überwälzungsbestimmungen (KSt.) 82 ff.

Umgehungen, Schutzbestimmungen gegen — (KSt.) 71.
Unterbrechung der Verjährung (KSt.) 74.

V.

Verarbeitung von Braunkohle in Preßkohle (KSt.) 60.
Verband Berliner Kohlengroßhändler (KSt.) 59.
Verbraucher von Kohlen, Steuerpflicht des — (KSt.) 64.
Vereinbarungen mit einem Dritten, Einwirkung auf Tarifgestaltung (VSt.) 36.
Verjährung (VSt.) 39, 47; — (KSt.) 74, 79.
Verkaufspreis (KSt.) ab Grube 70; —, Begriff 71.
Verkehr (VSt.) auf Wasserstraßen 33; Gesetz über Besteuerung des — 5, 7 ff.; nichtöffentlicher — von Gütern 34 ff.; öffentlicher und nichtöffentlicher — 21; überseeischer — 8.
Verkehrsabgabe, Schuldner der — (VSt.) 35 ff.
Verkehrsnachweisungen (VSt.) 43.
Verkehrssteuergesetz, Inkrafttreten 54 ff.
Verlegung des Wohnsitzes (Kr.-StG.) 90 ff.
Vermögen (KrStG.), im Inlande befindliches — 90; —, Verbringung ins Ausland 90.
Vermögensminderung oder Mindergewinn (KrStZ.) 86.
Verträge, vor Inkrafttreten des KSt.s abgeschlossene — 82; — über Beförderungen, abgabenfrei (VSt.) 52; — über Lieferung von elektrischer Arbeit, Gas, Wasser, Heizung oder Dampfkraft usw. (KSt.) 82.
Verwaltungsstreitverfahren (VSt.) 52; — (KSt.) 79.
Verwaltungsweg, Beschwerde im — (KSt.) 73.
Vorenthaltung der Steuer (VSt.) 50 ff.; — (KSt.) 76 ff.
Vorschriften, sonstige (KSt.) 80 ff.

W.

Wasserlieferungsverträge, Berechtigung zur Überwälzung (KSt.) 83.
Wasserstraße (VSt.) 20, 21, 33.
Werkbahnen, eigene — (VSt.) 18.
Wert der Kohle (KSt.) 72 ff.
Wertverschiebungen während des Krieges (KrStZ.) 88.
Wiederverkäufer, Lieferung an — (KSt.) 71.

Wirtschaftsrechnungen unbemittelter Familien (KSt.) 60.
Wohnsitz, Verlegung (KrStG.) 90 ff.; —, Verlegung ins Ausland (KrStZ.) 87.

Z.

Zollgesetze, Verfahren wegen Zuwiderhandlung gegen die — (KSt.) 79, 80.
Zollgrenze, außerhalb der — liegende Teile des Reichsgebiets (KSt.) 86.
Zuwendungen zu kirchlichen, mildtätigen oder gemeinnützigen Zwecken (KrStZ.) 87.
Zuwiderhandlungen (KrStG.) 91.
Zwischengewinn beim Wiederverkauf (KG.) 71.
Zuschlag (KrStZ.) siehe auch: Kriegssteuerzuschlag; prozentualer — zum Beförderungspreis (VSt.) 14; — zu Kohlenpreisen (KSt.) 82; — zur Kriegssteuer, Gesetz über die Erhebung des — (KrStZ.) 85 ff.
Zuschlagskarten für beschleunigte Beförderung (VSt.) 40.

Druck von Otto Walter, Berlin S. 14.

Nr. 9. Sammlung **kleinerer strafrechtlicher Reichsgesetze.** Von Prof. Dr **R. H. Kriegsmann. 3. Aufl. — 1910.** 4,50 M

Nr. 10. Das **Reichsbeamtengesetz** vom 31. März 1873. Von **J. Pieper. — 2. Aufl. 1901.** 5,— M

Reichsbeamtengesetz von **1907,** siehe Nr. **82.**

Nr. **11. Zivilprozeßordnung mit Gerichtsverfassungsgesetz.** Von **R. Sydow.** Fortgeführt von Reichs-G.Rat **L. Busch. 14. Aufl.** mit Nachtrag, Novellen vom 9. Sept. 1915 u. 18. Mai 1916. **8°. — 1913.** 9,— M

Nr. **12. Strafprozeßordnung und Gerichtsverfassungsgesetz** nebst den Gesetzen, betr. die Entschädigung der im Wiederaufnahmeverfahren freigesprochenen Personen und die Entschädigung für unschuldig erlittene Untersuchungshaft. Von Reichs-G.Rat Dr **A. Hellweg. 16. Aufl.,** bearbeitet von Prof. Dr **Kohlrausch.** Mit Nachtrag, enth. die Bekanntmachung über die Entlastung der Strafgerichte. — **1912.** 3,40 M

Nr. **13. Konkursordnung und Anfechtungsgesetz.** Von **R. Sydow.** Fortgeführt von **L. Busch. 12. Aufl. — 1916.** 4,20 M

Nr. **14. Gerichtsverfassungsgesetz** mit Einführungsgesetz. Herausgegeben von **R. Sydow.** Fortgeführt von **L. Busch. 9. Aufl. — 1905.** 1,80 M

Nr. **15. Das Deutsche Gerichtskostengesetz** nebst den Gebührenordnungen für Gerichtsvollzieher, Zeugen und Sachverständige. Von **R. Sydow.** Bearbeitet von **L.** und **A. Busch. 9. Aufl.** mit Nachtrag, enth. die Novelle vom 10. Juni 1914. **1912.** 3,— M

Nr. **16. Rechtsanwaltsordnung.** Von **R. Sydow. 5. Aufl.** von Justizrat **M. Jacobsohn.** Mit Nachtrag, enth. die Bestimmungen vom 22. Mai 1910. — **1907.** 1,50 M

Nr. **17. Die Deutsche Gebührenordnung für Rechtsanwälte und das Preußische Gebührengesetz** vom 27. IX. / 6. X. 1899.

Von **R. Sydow.** Fortgeführt von **L.** und **A. Busch. 11. Aufl.** Mit Nachtrag, enth. die Bestimmungen vom 8. Nov. 1916. — **1914.** 3,40 ℳ

Nr. 18. **Reichsstempelgesetz** vom 3. Juli 1913. (Börsen-, Lotterie-, Frachturkunden-, Fahrkarten-, Kraftfahrzeug-, Tantieme-, Scheck- und Grundstücksübertragungssteuer.) Mit den gesamten Ausführungsbestimmungen. **12. Aufl.** von Geh. Reg.-Rat **P. Loeck,** mit Nachtrag, enth. das **Frachturkunden-** und **Warenumsatzstempelgesetz** vom 17. und 26. Juni 1916. — **1914. 8°.** 10,— ℳ

Nachtrag: **Frachturkunden-** und **Warenumsatzstempel** einzeln 1,50 ℳ

Nr. 19. Die **Seegesetzgebung.** Von Dr **W. E. Knitschky. 5. Aufl.** bearbeitet von Ober-L.G.Rat **O. Rudorff.** — **1913.** 8,50 ℳ

Nr. 20. **Krankenversicherungsgesetz (1883).** Von weil. Dr **E. von Woedtke.** — Neue Fassung **(1911)**, siehe **Nr. 107.**

Nr. 21. Die **Konsulargesetzgebung.** Von Prof. Dr **Ph. Zorn. 3. Aufl.** von Dr **A. Zorn.** — **1911.** 5,— ℳ

Nr. 22. **Patentgesetz.** Nebst Ausführungsbestimmungen, völkerrechtlichen Verträgen und der Patentanwalts-Ordnung. **7. Aufl.** bearbeitet von **R. Lutter,** Geh. Reg.Rat im Kaiserl. Patentamt. — **1908.** 3,20 ℳ

Nr. 23. **Gewerbe-Unfallversicherungsgesetz. (1884.)** Von weil. Dr **E. v. Woedtke.** — Neue Fassung **(1911)**, siehe **Nr. 108.**

Nr. 24. **Aktiengesellschaft und Kommanditgesellschaften auf Aktien.** Von Dr **H. Keyßner** und Dr **H. Veit Simon. 6. Aufl.** von Amtsrichter **L. Keyßner.** — **1911.** 3,40 ℳ

Nr. 25. **Brausteuergesetz** vom 15. Juli 1909. Von Oberzollrevisor **A. Düffe. 2. Aufl.** — **1910.** 3,40 ℳ

Nr. 26. Die Reichsgesetzgebung über **Münz- und Notenbankwesen,** Papiergeld, Prämienpapiere und Reichsschulden. Von Dr **R. Koch. 6. Aufl.** — **1910.** 4,50 ℳ

Nr. **27. Gesundheitswesen im Deutschen Reich.** Von Dr jur. **E. Goesch** und Dr med. **J. Karsten. — 1888.** 2,— *M*

Nr. 28. Bau-Unfallversicherungsgesetz. Vom 30. Juni 1900. Von **R. Ehrzescinski.** Neue Fassung **(1911)**, siehe Nr. **108.**

Nr. **29. Erwerbs- und Wirtschaftsgenossenschaften.** Von **L. Parisius** und Dr **H. Crüger. 15. neu bearbeitete Aufl.** von Dr **H. Crüger. — 1916.** 3,— *M*

Nr. **30. Invalidenversicherungsgesetz** (1899). Von weil. Dr **E. v. Woedtke.** Neue Fassung **(1911)**, siehe Nr. **109.**

Nr. **31. Gewerbegerichtsgesetz.** Von Stadtrat **L. Mugdan. 7. Aufl.** bearbeitet von Oberbürgermeister **W. Cuno. — 1911.** 2,80 *M*

Nr. **32.** Reichsgesetz, betr. die **Gesellschaften mit beschränkter Haftung.** Von **L. Parisius** und Dr **H. Crüger. 13. Aufl.** von Dr **H. Crüger. — 1914.** 2,40 *M*

Nr. **33. Vereins- und Versammlungsrecht.** Von Dr **E. Ball. 2. Aufl.** von Dr **F. Friedenthal. — 1907.** 2,80 *M*

Reichs-Vereinsgesetz vom 19. April 1908, siehe Nr. **88.**

Nr. **34.** Die **Abzahlungsgeschäfte.** Gesetz vom 16. Mai 1894. **3. Aufl.** von Land-G.Rat Dr **E. Wilke. — 1910.** 1,60 *M*

Nr. **35.** Die **Reichs-Eisenbahngesetzgebung.** Von Kaiserl. Amtsrichter **W. Coermann. — 1895.** 2,60 *M*. S. auch Nr. **66.**

Nr. **36.** Gesetze, betr. die **privatrechtlichen Verhältnisse der Binnenschiffahrt und der Flößerei.** Von Geh. J.Rat **E. Löwe. 5. Aufl. — 1915.** 4,— *M*

Nr. **37.** Gesetz gegen den **unlauteren Wettbewerb.** Von Justizrat **A. Pinner. 6. Aufl. — 1912.** 1,80 *M*

Nr. **38/39. Bürgerliches Gesetzbuch nebst Einführungsgesetz** von Dr **A. Achilles.** In Verbindung mit Prof. Dr **André**, Kammer-G.Rat **Ritgen**, Reichs-G.Rat Dr **Strecker**, Staatsrat Dr **v. Unzner.** Herausgegeben von Wirkl. Geh. Ob.J.Rat u. Ober-L.G.Präsident **Greiff. 8.** vermehrte **Aufl. 8°. — 1916.** 10,— *M*

Nr. **40.** Gesetz, betr. die **Pflichten der Kaufleute bei Aufbewahrung fremder Wertpapiere [Depotgesetz].** Von Min.-Dir. **F. Lusensky. 3. Aufl. — 1916.** 2,50 *M*

Nr. **41. Börsengesetz.** Von Wirkl. Geh.Ob.Reg.Rat **Th. Hemptenmacher. 3. Aufl.** von Syndikus **O. Meyer. — 1915.** 4,— *M*

Nr. **42. Grundbuchordnung** nebst den preuß. Ausf.-Bestimmungen. Von Prof. Dr **O. Fischer. 6. Aufl.** mit Nachtrag, enth. die Ergänzungen. **— 1913.** 2,25 *M*

Nr. **43. Zwangsvollstreckung in das unbewegliche Vermögen** im Reiche und in Preußen. Kosten- und Gebührentabellen. Von Dr **J. Krech** u. Dr **O. Fischer. 8. Aufl.** bearbeitet von Prof. Dr **O. Fischer. — 1916.** 3,— *M*

Nr. **44.** Das Reichsgesetz über das **Auswanderungswesen.** Von Prof. Dr **F. Stoerk. — 1899.** 2,50 *M*

Nr. **45.** Das **Entmündigungsrecht** mit den für Preußen geltenden Vorschriften nebst Just.-Min.-Verfügung vom 28. Nov. 1899. Von Land-G.Rat Dr **P. Koll. — 1900.** 1,80 *M*

Nr. **46.** Die Gesetze des Reiches und Preußens über die **freiwillige Gerichtsbarkeit.** Von Amts-G.Rat **H. Jastrow. 5. Aufl. — 1911.** 4,— *M*

Nr. **47.** Das **deutsche Vormundschaftsrecht** und das preuß. Gesetz über die Fürsorgeerziehung Minderjähriger nebst den dazu gehörigen preuß. Nebengesetzen. Von Ober-Verw.G.Rat **M. Schultzenstein** u. Amts-G.Rat Dr **P. Köhne. 2. Aufl. — 1901.** 3,40 *M*

Nr. **48.** Gesetze, betr. den **Drogen-, Gift- und Farbenhandel** außerhalb der Apotheken. Von Dr **J. Broh. — 1899.** 1,50 ℳ

Nr. **49.** Deutsche **Kolonialgesetzgebung.** Von Geh. J.Rat Prof. Dr **Ph. Zorn. 2. Aufl.** von G.Assessor Dr **Sassen. — 1913.** 8,— ℳ

Nr. **50.** Der **Viehkauf [Viehgewährschaft] nach dem BGB.** Verordnung betr. die Hauptmängel und Gewährsfristen beim Viehhandel. Von Rechtsanwalt Dr **H. Stölzle** und Königl. Reg.- u. Vet.Rat **H. Weiskopf. 5. Aufl. — 1913.** 6,50 ℳ

Nr. **51. Hypothekenbankgesetz** vom 13. Juli 1899. Von Dr **H. Göppert. 2. Aufl.** bearbeitet von Geh. Reg.Rat Dr **Seidel. 1911. —** 2,60 ℳ

Nr. **52.** Gesetz, betr. die gemeinsamen **Rechte der Besitzer von Schuldverschreibungen.** Von Dr **H. Göppert. 2. Aufl.** bearbeitet von Amtsrichter Dr **E. Trendelenburg. — 1915.** 2,— ℳ

Nr. **53. Reichspreßgesetz** vom 7. Mai 1874. Mit Kommentar von Bürgermeister **A. Born. 2. Aufl. — 1911.** 2,40 ℳ

Nr. **54.** Die Reichsgesetzgebung über den Verkehr mit **Nahrungsmitteln, Genußmitteln** und **Gebrauchsgegenständen.** Von Dr **G. Lebbin,** Nahrungsmittelchemiker in Berlin. — **1900.** 2,50 ℳ

Nr. **55.** Das Recht der **Beschlagnahme von Lohn- und Gehaltsforderungen.** Von Justizrat **G. Meyer. 5. Aufl. — 1914.** 3,— ℳ

Nr. **56.** Gesetz, betr. die **Bekämpfung gemeingefährlicher Krankheiten.** Nebst Ausf.-Bestimmungen. Von Reg.Rat Dr **B. Burkhardt. — 1900.** 1,60 ℳ

Nr. **57. See-Unfallversicherungsgesetz (1887).** Von Ober-L.G.Rat Dr **M. Mittelstein.** — Neue Fassung **1911,** siehe Nr. **108.**

Nr. **58. Das Recht der unehelichen Kinder nach dem BGB.** Von Amtsgerichtsrat. **H. Jastrow. — 1901.** 2,— M

Nr. **59.** Reichsgesetz über die **Beurkundung des Personenstandes und die Eheschließung.** Von Amts-G.Rat Dr **F. Fidler. 2. Aufl. — 1912.** 2,80 M

Nr. **60.** Gesetz, betr, das **Urheberrecht an Werken der Literatur und der Tonkunst.** Von Geh. Ob.J.Rat **O. Lindemann. 3. Aufl. — 1910.** 1,80 M

Nr. **61.** Gesetz über das **Verlagsrecht.** Von Rechtsanwalt Dr **B. Marwitz. 2. Aufl. — 1911.** 2,— M

Nr. **62.** Gesetz über **private Versicherungsunternehmungen.** Von Reichs-G.Rat **H. Könige. 2. Aufl. — 1910.** 4,50 M

Nr. **63. Gesetzestafel des Deutschen Reichsrechts.** Systematisch geordnete Nachweisung des z. Z. geltenden Reichsrechts. Von **H. Bruhns. 2. Aufl. — 1913.** 4,— M

Nr. **64.** Gesetzsammlung betr. den **Handel mit Drogen und Giften.** Mit Anhang: landesgesetzliche Verordnungen sämtlicher Bundesstaaten. Von Rechtsanwalt **H. Sonnenfeld,** Syndikus der Berliner Drogisten-Innung. **2. Aufl. — 1912.** 4,50 M

Nr. **65.** Das **Weingesetz** in der Fassung von 1909. Mit Ausf.-Bestimmungen von Dr **G. Lebbin,** Nahrungsmittelchemiker. **2. Aufl. — 1909.** 2,80 M

Nr. **66.** Die **Eisenbahn-Gesetzgebung.** Von **W. Pietsch,** Rechn.Rat im Reichseisenbahnamt. **2. Aufl. — 1913.** 4,— M

Nr. **67. Militär-Strafgesetzbuch für das Deutsche Reich.** Von Wirkl. Geh. Kriegsrat Dr **A. Romen** und Kriegsgerichtsrat Dr **C. Rissom. 2. Aufl. — 1916.** 10,— M

Nr. **68.** Das **Fleischbeschaugesetz.** Vom 3. Juni 1900. Von Dr **G. Lebbin** u. Dr **G. Baum. — 1903.** 4,50 M

Nr. **69.** Reichsgesetz über die **Naturalleistungen der bewaffneten Macht im Frieden** nebst den preußischen Bestimmungen. Von Dr **W. v. Hippel. — 1903.** 1,60 *M*

Nr. **70.** Das **Reichs-Haftpflichtgesetz** vom 7. Juni 1871. Von Reg.Rat Dr **G. Eger. — 1903.** Vergriffen.

Nr. **71.** Gesetz betr. **Kinderarbeit in gewerblichen Betrieben** vom 30. März 1903. Von Ober-Verw.G.Rat **H. Spangenberg. 2. Aufl. — 1904.** 1,80 *M*

Nr. **72. Unfallversicherungsgesetz für Land- und Forstwirtschaft.** (1886). Von weil. Dr **E. v. Woedtke.** Siehe Nr. **108.**

Nr. **73. Entschädigung für unschuldig erlittene Verhaftung und Bestrafung.** Anhang: Nebengesetze über Schadensersatz. Von Wirkl. Geh. Kriegsrat Dr **A. Romen. — 1904.** 2,40 *M*

Nr. **74.** Die **Kaufmannsgerichte** nebst Ausf.-Bestimmungen. Von Prof. Dr **M. Apt. 3. Aufl. — 1904.** 2,40 *M*
Siehe auch Nr. **112.**

Nr. **75.** Reichsgesetz über die **Konsulargerichtsbarkeit.** Von Rechtsanwalt Dr **A. F. Vorwerk,** Schanghei. **2. Ausgabe,** mit den Schutzgebietsgesetzen. — **1908.** 2,40 *M*

Nr. **76. Die Rechtshilfe im Verkehr mit den ordentlichen Gerichten** nach deutschem Reichsrecht. Von Landrichter Dr **A. Friedländer. — 1906.** 2,— *M*

Nr. **77. Das Reichserbschaftssteuergesetz.** Vom 3. Juni 1906. Von **U. Hoffmann. 3. Aufl.** in Vorbereitung.

Nr. **78. Zigarettensteuergesetz.** Vom 3. Juni 1906. Von Reg.Assessor Dr **Cuno.**

Nr. **79. Die Militärpensionsgesetze** vom 31. Mai 1906 nebst Ausf.-Bestimmungen. Zum Gebrauch für Heer, Marine

und Schutztruppe von Wirkl. Geh. Kriegsrat Dr **A. Romen**
a) I. Teil: **Offizierpensionsgesetz. — 1907.** 3,80 *M*
b) II. Teil: **Mannschaftsversorgungsgesetz** mit Nachtrag, enth. **Kapitalabfindungsgesetz** vom 3. Juli 1916. — **1908.** 3,80 *M*

Nr. **80.** Reichsgesetzgebung über **gerichtliche Registerführung.** Von Geh. Ob.J.Rat **O. Lindemann. — 1906.** 3,40 *M*

Nr. **81. Urheberrecht an Werken der bildenden Künste und der Photographie.** Von Rechtsanwalt Dr **L. Fuld. — 1907.** 1,25 *M*

Nr. **82. Reichsbeamtengesetz** vom 18. Mai 1907 mit Ergänzungen von Geh.Rat Prof. Dr **A. Arndt. — 1908.** 3,40 *M*

Nr. **83.** Reichsgesetz über den **Versicherungsvertrag** nebst Einführungsgesetz. Von Dr **P. Hager** und Dr **E. Bruck. 3. verm. u. verb. Aufl. — 1913.** 6,50 *M*

Nr. **84. Sammlung kleinerer privatrechtlicher Reichsgesetze.** Von Ober-L.G.Rat **G. Müller. — 1908.** 7,— *M*

Nr. **85. Scheckgesetz.** Von Prof. Dr **M. Apt.** Vergriffen. Siehe Nr. **113.**

Nr. **86. Die Auslieferungsverträge des Deutschen Reiches.** Von Landrichter Dr **A. Cohn. — 1908.** 4,50 *M*

Nr. **87.** Gesetz zum **Schutz der Warenbezeichnungen.** Von Geh. Reg.Rat, Mitgl. des Kaiserl. Patentamts Dr **Freund** und Rechtsanwalt **Magnus. 5. Aufl. — 1909.** 4,— *M*

Nr. **88. Vereinsgesetz** vom 19. April 1908. Von Wirkl. Geh. Kriegsrat Dr **A. Romen.** Mit den **neuen Bestimmungen** über **Jugendliche und Gewerkschaften. 4. Aufl. — 1916.** 3,50 *M*

Nr. **89. Vogelschutzgesetz** vom 30. Mai 1908 nebst den das Flugwild betr. Bestimmungen der Preuß. Jagdordnung. Von Dr **L. v. Boxberger. — 1909.** 1,25 *M*

Nr. **90.** Die Haager Abkommen über das **Internationale Privatrecht.** Von Dr **G. Bogeng. — 1908.** 2,50 *M*

Nr. **91. Eisenbahn-Verkehrsordnung** mit Ausf.-Bestimmungen. Von Reg.Rat Dr **E. Blume. — 1909.** 2,80 *M*

Nr. **92.** Gesetz, betr. den **Verkehr mit Kraftfahrzeugen.** Von Amts-G.Rat **R. Kirchner. 3. Aufl. — 1915.** 4,50 *M*

Nr. **93.** Gesetz über die **Sicherung der Bauforderungen.** Von Justizrat Dr **E. Harnier. 3. Aufl. — 1912.** 1,80 *M*

Nr. **94. Haftpflicht der Reichs- und Staatsbeamten** von Dr **H. Delius. 2. Aufl.**, mit dem Gesetz über Haftung des Reichs für Beamte vom 22. Mai 1909. — **1909.** 3,80 *M*

Nr. **95.** Die Berner Übereinkunft über **Internationales Urheberrecht.** Von Geh.Rat Dr **H. Dungs. — 1910.** 1,25 *M*

Nr. **96. Branntweinsteuergesetz** vom 15. Juli 1909 mit den für das Reich erlassenen Ausf.-Bestimmungen und Kriegsverordnungen. **2. Aufl.**, bearbeitet von Reg.-Assessor Dr **K. Kniebe,** Hilfsarbeiter im Reichsamt d. Innern. — **1916.** 4,— *M*

Nr. **97. Schutzgebietsgesetz** nebst V.O. betr. die Rechtsverhältnisse in den Schutzgebieten, dem G. über die Konsulargerichtsbarkeit sowie den Ausf.-Bestimmungen. Von **J. Gerstmeyer,** Wirkl. Legationsrat und vortr. Rat im Reichskolonialamt. **— 1910.** 3,40 *M*

Nr. **98. Sechs Haager Abkommen** über **Internationales Privatrecht.** Von Geh. Ob.Reg.Rat Dr **H. Dungs. — 1910.** 1,80 *M*

Nr. **99. Die Abkommen der Haager Friedenskonferenz.** Von Dr **H. Wehberg. — 1910.** 3,40 *M*

Nr. **100.** Gesetz über den **Absatz von Kalisalzen.** Von Geh. Bergrat **E. Voelkel. — 1910.** 2,60 *M*

Nr. **101. Zuwachssteuergesetz** vom 14. Februar 1911. Von Geh. Reg.Rat Dr **W. Cuno. — 1911.** 4,— *M*

Nr. **102. Urheberrecht an Mustern und Modellen** und Ges. betr. Schutz von **Gebrauchsmustern.** Von Reg.Rat **J. Neuberg,** Mitgl. d. Kaiserl. Patentamts. — **1911.** 2,60 *M*

Nr. **103. Reichs-Viehseuchengesetz** vom 26. Juni 1909 nebst Ausführungsvorschriften u. dem preuß. Ausführungsgesetz. Von Landrat Dr **W. v. Hippel. 2. Aufl. — 1912.** 5,— *M*

Nr. **104. Versicherungsgesetz für Angestellte** vom 20. Dez. 1911. Von Rechtsanwalt **O. Bernstein** und Dr **J. Kupferberg. 2. Aufl. — 1912.** 3,80 *M*

Nr. **105. Das Geldwesen in den deutschen Schutzgebieten.** Von **W. Hintze,** Geh. Sekr. im Reichskolonialamt. — **1912.** 2,25 *M*

Nr. **106–109. Reichs-Versicherungsordnung nebst Einführungsgesetz.** Herausgegeben unter Mitwirkung von Dr **F. Caspar,** Wirkl. Geh. Rat, Direktor im Reichsamt d. Innern und **A. Spielhagen,** Geh. Ob.Reg.Rat, vortr. Rat im Reichsamt d. Innern. **4 Bände.**

Nr. **106.** I., V. u. VI. Buch. **Gemeinsame Vorschriften. — Beziehungen der Versicherungsträger zu einander und zu anderen Verpflichteten. — Verfahren.** Von Dr. **K. Lippmann,** Reg.Rat im Reichs-Vers.Amt, Geh. Reg.Rat Dr **L. Laß** und Geh. Reg.Rat **H. Siefart,** vortr. Räte im Reichsamt d. Innern. — **1913.** 6,50 *M*

Nr. **107.** II. Buch. **Krankenversicherung.** Von Geh. Reg.Rat **H. Siefart** und Reg.Rat Dr **F. Sitzler. — 1916.** 7,50 *M*

Nr. **108.** III. Buch. **Unfallversicherung.** Von Geh. Reg.Rat **A. Radtke,** Senatsvors. im R.Vers.Amt. — **1913.** 8,50 *M*

Nr. **109.** IV. Buch. **Invaliden- und Hinterbliebenenversicherung.** Von Geh. Ob.Reg.Rat **B. Jaup,** vortr. Rat im Reichsamt d. Innern, und **H. Follmann,** Geh. Reg.Rat im R.Vers.Amt. — **1912.** Mit Nachtrag. 1914—1916. 4,50 *M*

Nr. **110. Wehrbeitragsgesetz** mit Ausf.-Bestimmungen. Von Wirkl.Geh.Ob.Fin.Rat **A. Fernow. 2. Aufl. — 1913.** 2,25 *M*

Nr. **111. Reichs- und Staatsangehörigkeitsgesetz.** Vom 22. Juli 1913. Von Wirkl. Geh. Kriegsrat Dr **A. Romen. — 1913.** 2,50 *M*

Nr. **112. Kaufmannsgerichtsgesetz** mit Best. des Gewerbegerichtsgesetzes. Von Dr **H. Depène,** Vors. des Kaufmannsgerichts zu Berlin. — **1914.** 2,80 *M*

Nr. **113. Postscheckgesetz.** Von Oberpostinspektor **J. Weiland. — 1914.** 1,80 *M*

Nr. **113 a. Postscheckordnung** mit Ausf.-Bestimmungen. Von Oberpostinspektor **J. Weiland. — 1914.** 1,80 *M*

Nr. **114. Waffengebrauch und Festnahmerecht des Militärs.** Von Wirkl. Geh. Kriegsrat Dr **A. Romen** und Kriegsgerichtsrat Dr **C. Rissom. — 1914.** 2,25 *M*

Nr. **115. Das vertragliche Wettbewerbsverbot [Konkurrenzklausel].** Nebst Kommentar zum G. v. 10. Juni 1914. Von Rechtsanwalt Dr **G. Baum. — 1914.** 3,40 *M*

Nr. **116. Kriegs-Zivil- und -Finanzgesetze** vom 4. Aug. 1914 und den dazu erlassenen Verordnungen und Bekanntmachungen. **3. Aufl. — 1915.** 2,60 *M*

Nr. **116 a. Kriegs-Zivil- und -Finanzgesetze.** Zweite Folge: Das Jahr 1915. — **1916.** 2,25 *M*

Nr. **117. Darlehnskassengesetz.** Von Rechtsanwalt **Salomon** und Bankvorsteher **Bud. — 1915.** 2,25 *M*

Nr. **118. Militärhinterbliebenengesetz.** Von Rechn.Rat **Reh.** Mit Nachtrag, enth. das **Kapitalabfindungsgesetz** vom 11. Juli 1916. — **1915.** 2,80 *M*

Nr. **119. Kriegsleistungsgesetz.** Von Rechtsanwälten J.-Rat **Heilberg** und **Schäffer. — 1915.** 3,20 *M*

Nr. **120. Telegraphenwegegesetz.** Von Postreferendar **Wolf. — 1916.** 1,80 *M*

Nr. **121. Direkte Kriegssteuer.** Gesetze zur Besteuerung der Kriegsgewinne. Von Ob.Verw.G.Rat **A. Mrozek. — 1916.** 4,50 *M*

Nr. **122. Gesetz über den Belagerungszustand** Von Kriegsgerichtsrat Dr **H. Pürschel. — 1916.** 5,— *M*

Nr. **123. Warenumsatzstempel.** Von Geh. Ob.J.Rat **Lindemann. — 1916.** 2,50 *M*

Nr. **124. Todeserklärung Kriegsverschollener.** Von Prof. Dr **J. Partsch. — 1916.** 3,— *M*

Nr. **125.** Das Gesetz über den **vaterländischen Hilfsdienst** mit Einleitung und amtlichen Materialien. **2. Aufl. — 1917.** 1,25 *M*

Nr. **126. Besitzsteuergesetz** mit Ausf.-Bestimmungen. Von Ob.Verw.G.Rat **A. Mrozek. — 1917.** 6,— *M*

Nr. **127.** Verordnung über die **Geschäftsaufsicht zur Abwendung des Konkurses** vom 14. Dez. 1916. Von Rechtsanwalt **G. Klien,** mit system. Einleitung von Geh. Hofrat Dr **Ernst Jaeger** ord. Prof. a. d. Universität Leipzig. **— 1917.** 2,— *M*

Nr. **128.** Gesetz betr. die **Verhaftung und Aufenthaltsbeschränkung** vom 4. Dez. 1916. Nebst Anhang, betr. Entschädigung unschuldig Verhafteter, Von Wirkl. Geh. Kriegsrat Dr **A. Romen. — 1917.** 2,50 *M*

Guttentagsche Sammlung

Preußischer Gesetze.

Text-Ausgaben mit Anmerkungen. Taschenformat.

Nr. **1.** Die **Verfassungs-Urkunde** für den Preußischen Staat. Mit Einleitung, vollständigem Kommentar. Von Prof. Dr **A. Arndt. 7. Aufl. — 1911.** 4,50 *M*

Nr. **2.** Preußische **Beamten-Gesetzgebung.** Enth. die wichtigsten Beamtengesetze in Preußen. Von **K. Pfafferoth. 5. Aufl. — 1916.** 3,— *M*

Nr. **3. Aufnahme** von **Nottestamenten** durch die bestellten Urkundspersonen. Anweisung mit Musterbeispielen. Von Amts-G.Rat **C. Kurtz. — 1904.** 1,80 *M*

Nr. **4. Gebührenordnung** für **Notare** vom 25. Juli 1910. **5. Aufl.** bearbeitet von Justizrat **Rausnitz. — 1917.** Im Druck. Etwa 3,50 *M*

Nr. **5.** Gesetz vom **24. April 1854 [betr. die außerehel. Schwängerung].** Von Dr **Schulze. — 1873.** 0,75 *M*
Reichs-Recht siehe: Reichsgesetze Nr. **58.**

Nr. **6.** Die Preuß. **Ausführungsgesetze und Verordnungen zu den Reichs-Justizgesetzen.** Von **R. Sydow.**
Siehe Busch-Eylau, Ausführungsgesetze.

Nr. **7.** Allg. **Gerichtsordnung** und Preuß. **Konkursordnung.** Von **F. Bierhaus.** Vergriffen.

Nr. **8. Vormundschaftsordnung.** Von **F. Schultzenstein.**
Reichs-Recht siehe: Reichsgesetze Nr. **47.**

Nr. **9.** Die Preußische **Grundbuchgesetzgebung.** Von Prof. Dr **Fischer.** Vergriffen siehe: Reichsgesetze Nr. **42.**

Nr. **10. Einkommensteuergesetz.** Von Wirkl. Geh. Ob. Finanzrat **A. Fernow. 8. Aufl.** Mit Nachtrag, enth. Ges. betr. Erhöhung der Zuschläge vom 8. Juli 1916. — **1913.** 5,— *M*

Nr. **11. Gewerbesteuergesetz.** Von Wirkl. Geh. Ob. Fin. Rat **A. Fernow. 6., vermehrte Aufl. — 1915.** 4,80 ℳ

Nr. **12. Allgemeines Berggesetz.** Mit seinen Novellen und Nebengesetzen. **3. Aufl.**, bearbeitet von den Oberbergräten **Schlüter** und **Hense. — 1913.** 8,— ℳ

Nr. **13. Ergänzungssteuergesetz** (Vermögenssteuergesetz). Von Wirkl. Geh. Ob. Fin. Rat **A. Fernow. 5. Aufl.** Mit Nachtrag, enth. Ges. betr. Erhöhung der Zuschläge vom 8. Juli 1916. **— 1914.** 4,50 ℳ

Nr. **14. Kommunalabgabengesetz.** Vom 14. Juli 1893 und Ges. wegen Aufhebung direkter Staatssteuern. Von Oberbürgermeister Dr. **F. Adickes. 5. Aufl.** bearbeitet von Stadtrat Dr. **Woell. — 1911.** 2,60 ℳ

Nr. **15.** Die **Kreisordnungen** für den Preußischen Staat. Von Land-G. Rat **O. Kolisch. — 1894.** 4,20 ℳ

Nr. **16. Konzessionierung gewerblicher Anlagen.** Von Geh. Reg. Rat Dr. **W. v. Rüdiger. 2. Aufl. — 1901.** 2,— ℳ

Nr. **17.** Preußisches **Gerichtskostengesetz.** Vom 25. Juli 1910. Mit Kostentabellen. Von Kammer-G. Rat Dr. **P. Siméon. 7. Aufl. — 1913.** Mit Nachtrag: Abänderungen vom 17. Febr. 1917. 4,50 ℳ

Nr. **18.** Preußisches **Stempelsteuergesetz** vom 30. Juni 1909. Mit sämtlichen Ausf.-Bestimmungen. Von **P. Loeck. 8. Aufl.** von Reg. Rat **W. Seyffarth. — 1914.** 9,— ℳ

Nr. **19.** Das **Jagdscheingesetz.** Von Wirkl. Geh. Ob. Reg. Rat **F. Kunze. 2. Aufl. — 1899.** 2,25 ℳ

Nr. **20.** Die **preußischen Erbschaftssteuergesetze.** Von Rechn. Rat **U. Hoffmann. — 1905.** 4,— ℳ
(**Reichs**-Erbschaftssteuergesetz siehe Reichsgesetze Nr. **77**).

Nr. **21.** Gesetz über die **Handelskammern.** Von Min. Dir. **F. Lusensky. 2. Aufl. — 1909.** 3,40 ℳ

Nr. **22.** Gesetz, betr. **Anstellung und Versorgung der Kommunalbeamten.** Von Dr **W. Ledermann. 2. Aufl.,** bearbeitet von Dr **L. Brühl. — 1914.** 2,40 *M*

Nr. **23. Ausführungsgesetz zum Bürgerlichen Gesetzbuche.** Von Kammer-G.Rat Dr **P. Siméon. 3. Aufl. — 1914.** 2,40 *M*

Nr. **24.** Die **Hinterlegungsordnung. (1879)** Von Reg.Rat Dr **G. Bartels. 2. Aufl. — 1908.** 2,— *M*
Neues Gesetz vom 21. April 1913 siehe Nr. **53.**

Nr. **25. Preußische Kommunalbeamtengesetzgebung.** Von Mag.Assessor Dr **F. Kremski,** Berlin. **— 1901.** 3,40 *M*

Nr. **26.** Gesetze über das **Diensteinkommen der Lehrer und Lehrerinnen, Ruhegehalt und Hinterbliebenenfürsorge.** Tabelle zur Berechnung der Ruhegehalts-, Witwen- und Waisenbezüge. Von Bürgermeister Dr **E. Cremer. — 1900.** 2,60 *M*

Nr. **27.** Gesetz, betr. die **Warenhaussteuer.** Von Geh. Ob.Fin.Rat Dr **G. Strutz. — 1900.** 1,50 *M*

Nr. **28.** Gesetz, betr. **Fürsorgeerziehung Minderjähriger.** Von Land-G.Direktor Dr **P. F. Aschrott. 3. Aufl. — 1917.** Im Druck. Etwa 4,— *M*

Nr. **29.** Gesetz, betr. **die ärztlichen Ehrengerichte, das Umlagerecht und die Kassen der Aerztekammern.** Von Amts-G.Rat Dr **F. Fidler. — 1901.** 1,80 *M*

Nr. **30.** Das **Preußische Staatsschuldbuch** und **Reichsschuldbuch.** Von Wirkl. Geh. Ob.F.Rat **J. Mücke. — 1902.** 2,— *M*

Nr. **31. Die geltenden Preußischen Gesindeordnungen. Zwei Bände.** Von Rechtsanwalt **St. Gerhard.**
31 a. Gesindeordnung für die altpreußischen Provinzen vom 8. Nov. 1810, unter Berücksichtigung der Ergänzungsgesetze, der Rechtsverhältnisse der Stellenvermittler und

Reichsversicherungsordnung, sowie die Gesindeordnungen für Neuvorpommern und Rügen und für die Rheinprovinz. **2. Aufl. — 1914.** 3,40 ℳ

31 b. Gesindeordnungen für Hannover, Schleswig-Holstein, Hessen-Nassau und den Regierungsbezirk Hohenzollern. — **1902.** 2,80 ℳ

Nr. **32. Die Städteordnung für die sechs östlichen Provinzen Preußens.** Von Dr **W. Ledermann** u. Dr **L. Brühl. 2. Aufl. — 1913.** 7,50 ℳ

Nr. **33. Rentenguts- und Anerbenrechts-Gesetzgebung in Preußen.** Von Land-G.Rat **M. Peltasohn** und Rechtsanwalt **B. Peltasohn. — 1903.** 3,40 ℳ

Nr. **34.** Sammlung der wichtigsten **preußischen Strafgesetze** nebst Ges., betr. polizeil. Strafverfügungen vom 23. April 1883. Von Geh. Ob.J.Rat **Lindemann. 2. Aufl. — 1912.** 3,60 ℳ

Nr. **35. Geschäftsordnung für Gerichtsvollzieher.** Von **E. Exner. — 1904.** 3,50 ℳ

Nr. **36. Polizeiverordnungen in Preußen.** Von Geh. Ob.J.Rat **O. Lindemann. — 2. Aufl. 1912.** 2,60 ℳ

Nr. **37.** Gesetz, betr. **Enteignung von Grundeigentum** vom 11. Juni 1874. Von Ob.L.G.Rat **O. Meyer. 2. Aufl. — 1911.** 2,50 ℳ

Nr. **38. Kreis- und Provinzial-Abgabengesetz** vom 23. April 1906. Von Gemeindevorsteher **F. Schmidt. — 1906.** 1,50 ℳ

Nr. **39.** Gesetz, betr. die **Unterhaltung der öffentlichen Volksschulen.** Von Reg.Rat Dr **A. Marcks. — 1906.** 2,25 ℳ

Nr. **40. Verwaltungsstrafverfahren** bei Zuwiderhandlungen gegen die Zollgesetze und indirekte Reichs- und Landesabgaben. Von Dr **R. Katzenstein. — 1907.** 4,— ℳ

Nr. **41.** **Die preußischen Jagdpolizeigesetze.** Von Wirkl. Geh. Ob.Reg.Rat **F. Kunze** und Rechtsanwalt **R. Kühnemann. 2. Aufl. — 1907.** 4,— M

Nr. **42.** Die Gesetzgebung über die **Allgemeine Landesverwaltung** und **Zuständigkeit der Verwaltungs- und Verwaltungsgerichtsbehörden.** Von Dr **K. Friedrichs. — 1908.** 3,40 M

Nr. **43.** Gesetz, betr. die **Zulassung einer Verschuldungsgrenze** für land- und forstwirtschaftlich benutzte Grundstücke. Von Syndikus Dr **R. Leweck. — 1908.** 2,60 M

Nr. **44.** **Quellenschutzgesetz** nebst den Ausführungsbestimmungen. Von Geh. Bergrat **C. Voelkel. — 1909.** 1,25 M

Nr. **45.** **Rechtsverhältnisse der Juden in Preußen.** Von Rechtsanwalt Dr **M. Kollenscher. — 1910.** 2,60 M

Nr. **46.** Gesetz betr. **Austritt aus der Landeskirche** vom 14. Mai 1873. Von Ger.-Assessor **H. Caro. — 1911.** 2,60 M

Nr. **47.** Gesetz, betr. die **Feuerbestattung.** Von Amts-G.Rat Dr **W. Lohmann. — 1912.** 1,60 M

Nr. **48.** **Zweckverbandsgesetz für Groß-Berlin** vom 19. Juli 1911 nebst Abdruck des allgemeinen Zweckverbandsgesetzes. Von den Magistratsräten Dr **L. Brühl**, Dr **K. Gordan** und Stadtrat Dr **W. Ledermann. — 1912.** 4,50 M

Nr. **49.** **Gesetze gegen die Verunstaltung landschaftlich hervorragender Gegenden** mit Ausf.-Anweisungen. Von Reg.Rat **O. Goldschmidt. — 1912.** 2,60 M

Nr. **50.** **Gesetz, betr. die Anlegung und Veränderung von Straßen und Plätzen in Städten und ländlichen Ortschaften.** Von Oberlandgerichtsrat **O. Meyer. — 1913.** 3,40 M

Nr. **51.** **Das preußische Disziplinargesetz für die nichtrichterlichen Beamten** und die Privatdozenten. Von Reg.Rat Dr **E. v. Dultzig. — 1914.** 4,80 M

Guttentagsche Sammlung Preußischer Gesetze.

Nr. **52. Preußisches Wassergesetz** v. 7. April 1913. Von den Rechtsanwälten **G. Wulff** und **F. Herold. — 1913.** 5,50 *M*

Nr. **53. Hinterlegungsordnung** v. 21. April 1913. Von Landrichter **Hagemann. — 1914.** 2,50 *M*

Nr. **54.** Gesetz betr. **Anlegung von Sparkassenbeständen in Inhaberpapieren** nebst Ausf.-Verordnung vom 8. Mai 1913. Von Rechtsanwalt **H. Döhring. — 1914.** 2,25 *M*

Kommentare — Nachschlagebücher.

Die Erbenhaftung nach dem Bürgerlichen Gesetzbuch. Von Rechtsanwalt **S. Riesenfeld**, Berlin. **2 Bände. — 1916. Gr. 8°.** Preis 26,— M, geb. 31,— M

Erster Band: **Grundsätze der Haftung.** Zweiter Band: **Das Inventar und die Mittel der Haftungsbeschränkung.**

Verwaltungsgesetzbuch für Preußen. Systematische Zusammenstellung der wichtigsten Verwaltungsgesetze und Verordnungen für Praxis und Unterrichtszwecke bearbeitet von Reg.Rat Dr. **Hugo Reichelt.** Mitglied des Bezirksausschusses Magdeburg. — **1914. Gr. 8°.** Preis geb. 13,— M

Vereins- und Versammlungsrecht der **Gewerkschaften** und **Gewerkvereine.** Mit einem Anhang: Das gewerbliche Koalitionsrecht. Unter Benutzung amtlicher Quellen bearbeitet von Wirkl. Geh. Kriegsrat Dr. jur. **A. Romen.** — **1917. Gr. 8°.** Preis brosch. 2,— M

Bunte Bilder aus der Rechtswelt. Ein Lesebuch für die jungen Juristen im Felde. Von Dr. **J. W. Hedemann,** o. Prof. an der Universität Jena. — **1917. 8°.** Preis brosch. 2,50 M

Bürgerliches Rechts-Lexikon. Nach dem Bürgerlichen Gesetzbuch, dem Handelsgesetzbuch und sonstigen Reichs- und Landesgesetzen bearbeitet von Amtsgerichtsrat **E. Christiani. 3. wesentlich vermehrte und verbesserte Auflage. — 1908.** Lex. **8°.** Geb. in ganz Leinen. Preis 12,20 M

Verfassung und Verwaltung des Deutschen Reiches nebst wichtigen Nebengesetzen. Ein Hilfsbuch für die Examina in Justiz und Verwaltung sowie für die Doktorprüfung. Von Dr. **M. Gebhardt,** Gerichtsassessor a. D. — **1912. Lex. 8°.** Preis brosch. 9,50 M, geb. in Leinen 10,50 M

Sonderverzeichnisse über hervorragende Erscheinungen aus den Gebieten des Verwaltungs- und Handelsrechts, sowie der genossenschaftlichen Literatur, durch jede Buchhandlung und direkt vom Verlage.

Schlagwort-Register

R. = Nummer der Sammlung Deutscher **Reichs**gesetze.
P. = Nummer der Sammlung **Preußischer** Gesetze.
S. = Seite.

Abzahlungsgeschäfte R. 34.
Aerztekammern P. 29.
Aerztliche Ehrengerichte P. 29.
Aktienrecht R. 24, 26.
Altersversicherungsgesetz R. 109.
Anerbenrechtsgesetz P. 33.
Anfechtungsgesetz R. 13.
Angestelltenvers.-Ges. R. 104, S. 21.
Anlegung von Straßen P. 50.
Arbeiterschutzgesetz R. 6, 116a.
Arbeiterversicherungsgesetze R. 20. 23, 28, 57, 106—109, S. 21.
Arzneimittel R. 6, 64.
Aufenthaltsbeschränkung, Verhaftung R. 128.
Ausführungsgesetze z. BGB. P. 23, S. 21.
Ausführungsgesetze zu d. Reichsjustizgesetzen P. 6.
Ausgleichsverordnung R. 123.
Auslieferungsverträge R. 86.
Austritt a. d. Landeskirche P. 46.
Auswanderungsgesetz R. 9, 44.
Automobilgesetz R. 92, 116a.

Bankgesetz R. 26, 116.
Baufluchtengesetz P. 50.
Bauforderungsschutz R. 93.
Bauunfallversicherungsgesetz R. 28.
Beamtengesetze R. 10, 82, 94, P. 2.
Bekämpfung gemeingefährlicher Krankheiten R. 56.
Belagerungszustand R. 114, 122, P. 34.
Berggesetz P. 12.
Beschlagnahme von Lohn- und Gehaltsforderungen R. 55.
Besitzsteuergesetz R. 126, S. 21.
Beurkundung des Personenstandes R. 59.
Binnenschiffahrtsgesetz R. 36.
Blei- und zinkhaltige Gegenstände R. 9.
Börsengesetz R. 41.
Börsensteuergesetz R. 18.
Branntweinsteuergesetz R. 96.
Brausteuererhebung R. 25.
Bundes- u. Staatsangehörigkeit R. 8, 111.
Bürgerl. Gesetzbuch R. 38/39 S. 21.

Chausseegeld P. 34.
Civilprozeßordnung R. 11, S. 21.

Dampfkesselbetrieb R. 6, P. 34.
Darlehnskassengesetz R. 117.
Depotgesetz R. 40.
Diensteinkommen der Lehrer u. Lehrerinnen P. 26.
Dienstboten siehe Gesinde.
Disziplinargesetze P. 51.
Drogenhandel R. 48, 64.

Eheschließungsgesetz R. 59.
Einkommensteuergesetz P. 10.
Eisenbahngesetzgebung R. 66, 35.

Schlagwort-Register. (R. = Reichsgesetz, P. = preuß. Gesetz.)

Eisenbahnverkehrsordnung R. 91.
Elektrizitäts-Diebstahl R. 2.
Enteignung v. Grundeigent. P. 37.
Entmündigungsgesetz R. 45.
Entschädigung freigesprochener Personen R. 12.
Entschädigung unschuldig Verhafteter u. Verurteilter R. 73.
Entziehung elektr. Arbeit R. 2.
Erbschaftssteuergesetz R. 77, P. 20.
Ergänzungssteuergesetz P. 13.
Erwerbs- u. Wirtschaftsgenossenschaften R. 29.

Fahrkartensteuer R. 18.
Farbengesetz R. 9, 48.
Farbenhandel R. 48.
Feingehalt der Gold- u. Silberwaren R. 9.
Feld- u. Forstpolizeigesetz P. 34.
Festnahmerecht des Militärs R. 114.
Feuerbestattungsgesetz P. 47.
Feuerversicherung P. 34.
Fischereigesetz P. 34.
Fleischbeschaugesetz R. 9, 54, 68.
Flößereigesetz R. 36.
Fluchtlinien-Gesetz P. 50.
Forstdiebstahl P. 34.
Frachturkundensteuer R. 18.
Freiwillige Gerichtsbarkeit R. 46.
Freizügigkeit R. 8.
Fürsorgeerziehung Minderjähriger R. 47 P. 28.

Gast- u. Schankwirtschaftsgehilfen R. 6.
Gebrauchsgegenstände, Verkehr mit R. 9, 54.
Gebrauchsmusterschutzgesetz R. 9, 84, 102, 116, 116a.
Gebührengesetz, preußisches, für Rechtsanwälte und Gerichtsvollzieher R. 17.
Gebührenordnung für Gerichtsvollzieher R. 15.
Gebührenordnung für Notare P. 4.
Gebührenordnung für Rechtsanwälte R. 17.
Gebührenordnung für Zeugen und Sachverständige R. 15.
Gehaltsforderungen, Beschlagnahme von R. 55.
Geldwesen d. Kolonien R. 105.
Genehmigung gewerblicher Anlagen P. 16.
Genossenschaftsgesetz R. 29.
Genußmittel, Verkehr mit R. 9, 54.
Gerichtsbarkeit, freiwillige R. 46.
Gerichtskostengesetz, deutsches R. 15.
Gerichtskostengesetz, preußisches P. 17.
Gerichtsordnung, preußische P. 7.
Gerichtsverfassungsgesetz R. 14, 11, 12, S. 21.
Gerichtsvollzieher-Gebührenordnung R. 15.
Geschäftsaufsicht zur Abwendung des Konkurses R. 116, 126.
Geschäftsordnung für Gerichtsvollzieher P. 35.
Gesellschaften mit beschränkter Haftung R. 32.

Gesetzbuch, Bürgerliches R. 38/39 S. 21.
Gesetzestafel d. deutschen Reichsrechts R. 63.
Gesindedienstpflichten P. 34.
Gesindeordnungen, preußische P. 31 a, 31 b.
Gesundheitswesen R. 27.
Getreidebeschlagnahme R. 116.
Gewerbebetrieb im Umherziehen R. 6, P. 34.
Gewerbegerichte R. 31, 112.
Gewerbeordnung R. 6.
Gewerbesteuergesetz, preuß. P. 11.
Gewerbeunfallversicherung R. 23.
Gewerkschaften, Gewerkvereine, Vereins- u. Versammlungsrecht R. 88.
Gifthandel R. 48, 64.
Gold- u. Silberwaren-Feingehalt R. 9.
Grundbuchordnung R. 42.
Grundbuchgesetzgebung, preußische P. 9.
Grundeigentum, Enteignung v. P. 37.

Haager Friedenskonferenz R. 99.
Haftpflichtgesetz R. 70, 94.
Handelsgesetzbuch R. 4, S. 21.
Handelskammergesetz P. 21.
Handfeuerwaffen R. 9.
Handwerkergesetz R. 6.
Hilfsdienst, Vaterländischer R. 125.
Hilfskassen, eingeschr. R. 20.
Hinterlegungsordnung P. 24, 53.
Hinterbliebenenversicherung R. 109, S. 21.
Höchstpreise R. 116.
Hypothekenbankgesetz R. 51.

Jagdpolizeigesetz P. 34, 41.
Jagdscheingesetz P. 19. 34,
Inhaberpapiere m. Prämien R. 9.
Innere Unruhen R. 114.
Internationales Privatrecht R. 90, 98.
Invalidenversicherung R. 30, 109, S. 21.

Kaligesetz R. 100.
Kapitalabfindungsgesetz R. 79 b, 118.
Kaufleute, Pflichten bei Aufbewahrung v. Wertpapier. R. 40.
Kaufmannsgerichte R. 112.
Kiautschou-Gebiet, militärische Strafrechtspflege im R. 3.
Kinder, Recht d. unehel. R. 58.
—, Unterbringung verwahrloster R. 47, P. 28.
Kinderarbeit, gewerbl. R. 2, 71.
Kinderschutzgesetz R. 71.
Kolonialgesetzgebung R. 49, 105.
Kommunalabgabengesetz P. 14.
Kommunalbeamtengesetz P. 22.
Kommunalbeamtenrecht P. 25.
Konkurrenzklausel R. 115.
Konkursordnung R. 13, S. 21.
Konkursordnung, preuß. P. 7.
Konsulargerichtsbarkeit R. 75.
Konsulargesetzgebung R. 21, 75.
Konzessionierung gewerbl. Anlagen P. 16.
Kraftfahrzeuge R. 18, 92, 116 a.
Krankenversicherungsgesetz R. 20, 107, S. 21.

Kreisabgabengesetz P. 38.
Kreisordnungen P. 15.
Kriegsgewinnsteuer R. 121, S. 21.
Kriegsleistungsgesetz R. 119.
Kriegsteilnehmer R. 116, 116a
Kriegsverschollenen-Todeserklärung R. 124.
Kriegs-Zivil- und Finanzgesetz R. 116, 116a.
Kunstschutzgesetz R. 81.

Ladenschluß R. 6.
Landeskirche P. 46.
Landestrauer P. 34.
Landesverwaltungsgesetz P. 42.
Lehrergehalts- und Pensionsgesetze P. 26.
Literaturschutz R. 60, 95.
Lohnforderungen, Beschlagnahme von R. 55.
Lotteriespiel P. 34.

Mannschaftsversorgungsgesetz R. 79 b.
Margarinegesetz R. 9, 54.
Medizinalgesetzgebung R. 27.
Militärhinterbliebenenges. R. 118.
Militärpensionsgesetze R. 79.
Militärische Geheimnisse, Verrat R. 9, 84.
Militärstrafgerichtsordnung R. 3, S. 21.
Militärstrafgesetzbuch R. 67, S. 21.
Minderjährige, Fürsorgeerziehung für R. 47, P. 28.
Mineraliengewinnung und Aneignung P. 34.
Mobiliar-Feuerversiche P. 34.
Modellschutzgesetzgebung R. 9, 102.
Münzwesen R. 26, 116, 116a.
Musterschutzgesetz R. 9, 102.

Nahrungsmittelgesetze R. 9, 54, 65.
Naturalleistung f. d. bewaffnete Macht R. 69.
Notare, Gebührenordnung für preußische P. 4.
Notenbankwesen R. 26.
Nottestament P. 3.

Offizierpensionsgesetz R. 79 a.

Patentgesetz R. 9, 22, 116, 116a.
Personenstandsgesetz R. 2, 9, 59.
Pensionsgesetze R. 10, 79, P. 2, 26.
Photographieschutz R. 9, 81.
Polizeiverordn. in Preußen P. 36.
Postgesetze R. 7.
Postscheckgesetz R. 113.
Postscheckordnung R. 85, 113 a.
Preßgesetz R. 9, 53.
Preußische Verfassung P. 1.
Privatbeamtenvers.-Ges. R. 104. S. 21.
Privatrechtl. Reichsges. R. 84, 90.
Provinzialabgabengesetz P. 38.

Quellenschutzgesetz P. 44.

Rayongesetz R. 84.
Reblausgesetz R. 84, P. 34.
Rechte der Besitzer von Schuldverschreibungen R. 52.
Rechtsanwalts-Gebührenordnung R. 17.
Rechtsanwaltsordnung R. 16.
Rechtshilfe R. 76.
Rechtsverhältnisse d. Juden P. 45.
Registerführung, gerichtl. R. 80.
Reichsbeamtengesetz R. 10, 82.

Reichseisenbahngesetzgebung R. 35, 66.
Reichserbschaftssteuer R. 77.
Reichsfinanzgesetze S. 21.
Reichsgewerbeordnung R. 6.
Reichsgrundbuchordnung R. 42.
Reichs-Justizgesetze R. 11, 12, 13.
Reichskassenscheine R. 9. 116.
Reichsmilitärgesetz R. 84.
Reichspreßgesetz R. 53.
Reichsschuldbuch P. 30.
Reichsseuchengesetz R. 9, 56.
Reichsstempelgesetz R. 18.
Reichsverfassung R. 1.
Reichsviehseuchenges. R. 103.
Reichsversicherungsordnung R. 106—109, S. 21.
Rentengutsgesetze P. 33.
Rinderpest R. 9.

Saccharingesetz R. 9, 54.
Schadensersatz an unschuldig Verhaftete u. Verurteilte R. 73.
Scheckgesetz R. 85. 113.
Schlachthäuser P. 34.
Schlachtviehgesetz R. 9, 54, 68.
Schonzeit des Wildes P. 34.
Schuldverschreibungsgesetz R. 52.
Schulunterhaltungsgesetz P. 39.
Schutzgebietsgesetz R. 75, 97, 105.
Schutzhaftgesetz R. 128.
Schutztruppe, Strafverfahren R. 3, Pension R. 79.
Schwängerung, außereheliche R. 58, P. 5.
Seegesetzgebung R. 19.
Seerecht siehe HGB. Text.
See-Unfallversich.-Gesetz R. 57.
Seuchengesetz R. 56.
Sklavenhandel R. 9.
Sozialpolitische Gesetze R. 20, 23, 28, 30, 57, 72, 104, 106 bis 109, 116, 116 a.
Sparkassengesetz P. 54.
Spionagegesetz R. 67.
Sprengstoffgesetz R. 2, 9.
Staatsangehörigkeit, Erwerb u. Verlust R. 8, 111.
Staatsschuldbuch P. 30.
Staatssteuern, Gesetz betr. Aufhebung direkter P. 14.
Städteordnung für die 6 östlichen Provinzen P. 32.
Stempelsteuergesetz für Preußen P. 18.
Stempelsteuergesetz für das Reich R. 18.
Steuergesetze R. 5, 18, 25, P. 10, 11, 13, 14, 18, 20, 27.
Strafgesetzbuch R. 2, S. 21.
Strafgesetze, preußische P. 34.
Strafprozeßordnung R. 12, S. 21.
Strafrechtliche RG. R. 9.
Straßen- u. Baufluchtenges. P. 50.
Subhastationsgesetz R. 43.
Süßstoffe, künstliche R. 9, 54, 64.

Tantiemensteuer R. 18.
Telegraphengesetze R. 7.
Telegraphenwegegesetz R. 120.
Testamentsrecht P. 3.
Todeserklärung Kriegsverschollener R. 124.

Uneheliche Kinder R. 58.
Unfallversicherungsgesetze R. 23, 28, 57, 72, 108, S. 21.
Unlauterer Wettbewerb R. 37.

Schlagwort-Register. (R. = Reichsgesetz, P. = preuß. Gesetz.)

Unterbringung verwahrloster Kinder R. 47, P. 28.
Unterhaltg. d. Volksschulen P. 39.
Unterstützungswohnsitz R. 8.
Urheberrechtsgesetze R. 9, 60, 22, 81, 95 102.

Vereinsgesetz R. 88.
Vereins- u. Versammlungsrecht R. 33, 88, P. 34,
Verfälschung v. Nahrungsmitteln R. 54, Wein R. 65.
Verfassung, Reich R. 1.
Verfassung, preußische P. 1.
Verhaftung und Aufenthaltsbeschränkung R. 128.
Verkehrsabgaben P. 34.
Verlagsrecht R. 61.
Vermögenssteuergesetz P. 13.
Verrat militär. Geheimnisse R. 2, 9, 67.
Verschuldungsgrenze P. 43.
Versicherungsvertrag R. 83.
Versicherungsunternehmungen, private R. 62.
Versorgung der Kommunalbeamten P. 22.
Verunstaltung landschaftlich hervorragender Gegenden P. 49.
Verwaltungsstrafverfahren P. 40.
Verwendung gesundheitsschädlicher Farben, Nahrungsmittel, Wein R. 54, 65.
Viehkauf (Viehgewährschaft) und Viehhandel R. 50.
Viehseuchengesetz R. 84, 103.
Vogelschutzgesetz R. 89.
Volksernährung R. 116, 116a.
Vormundschaftsordnung, preußische P. 8.
Vormundschaftsrecht, Deutsches R. 47.

Waffengebrauch R. 114.
Wald- und Wassergenossenschaft P. 34.
Wandergewerbebetrieb P. 34.
Warenzeichenrecht R. 9,87, 116, 116a.
Warenhaussteuergesetz P. 27.
Warenumsatzstempel R. 18, 123.
Wassergesetz P. 52.
Wechselordnung R. 5, S. 21.
Wechselstempelsteuergesetz R. 5.
Wehrbeitragsgesetz R. 110, S. 21.
Weingesetz R. 9, 54, 64, 65.
Wertpapiere, Depotgesetz R. 40.
Wettbewerb, Bekämpfung unlauteren R. 37.
Wettbewerbsverbot R. 115.
Wild-Schonzeit P. 34.
Wirtschaftliche Maßnahmen aus Anlaß des Krieges R. 116, 116a.
Wuchergesetz R. 2.

Zeugengebühr R. 15.
Zigarettensteuergesetz R. 78.
Zivilprozeßordnung R. 11, S. 21.
Zuständigkeitsgesetz P. 42.
Zuwachssteuergesetz S. 21, R. 101.
Zwangserziehung R. 47.
Zwangsversteigerung an Immobilien R. 43.
Zwangsvollstreckungsgesetz R. 43.
Zweckverbands-Gesetz P. 48.

 16. VII. 1917. 33 500.